D1654345

2021

	Janvier					
Di	Lu	Ma	Me	Je	Ve	Sa
					1	2
3	4	5	6	7	8	9
10	11	12	13	14	15	16
17	18	19	20	21	22	23
24	25	26	27	28	29	30
31						

	Février					
Di	Lu	Ma	Me	Je	Ve	Sa
	1	2	3	4	5	6
7	8	9	10	11	12	13
14	15	16	17	18	19	20
21	22	23	24	25	26	27
28						

	Mars					
Di	Lu	Ma	Me	Je	Ve	Sa
	1	2	3	4	5	6
7	8	9	10	11	12	13
14	15	16	17	18	19	20
21	22	23	24	25	26	27
28	29	30	31			

	Avril					
Di	Lu	Ma	Me	Je	Ve	Sa
				1	2	3
4	5	6	7	8	9	10
11	12	13	14	15	16	17
18	19	20	21	22	23	24
25	26	27	28	29	30	

	Mai					
Di	Lu	Ma	Me	Je	Ve	Sa
						1
2	3	4	5	6	7	8
9	10	11	12	13	14	15
16	17	18	19	20	21	22
23	24	25	26	27	28	29
30	31					

	Juin					
Di	Lu	Ma	Me	Je	Ve	Sa
		1	2	3	4	5
6	7	8	9	10	11	12
13	14	15	16	17	18	19
20	21	22	23	24	25	26
27	28	29	30			

	Juillet					
Di	Lu	Ma	Me	Je	Ve	Sa
				1	2	3
4	5	6	7	8	9	10
11	12	13	14	15	16	17
18	19	20	21	22	23	24
25	26	27	28	29	30	31

	Août					
Di	Lu	Ma	Me	Je	Ve	Sa
1	2	3	4	5	6	7
8	9	10	11	12	13	14
15	16	17	18	19	20	21
22	23	24	25	26	27	28
29	30	31				

	Septembre					
Di	Lu	Ma	Me	Je	Ve	Sa
			1	2	3	4
5	6	7	8	9	10	11
12	13	14	15	16	17	18
19	20	21	22	23	24	25
26	27	28	29	30		

	Octobre					
Di	Lu	Ma	Me	Je	Ve	Sa
					1	2
3	4	5	6	7	8	9
10	11	12	13	14	15	16
17	18	19	20	21	22	23
24	25	26	27	28	29	30
31						

	Novembre					
Di	Lu	Ma	Me	Je	Ve	Sa
	1	2	3	4	5	6
7	8	9	10	11	12	13
14	15	16	17	18	19	20
21	22	23	24	25	26	27
28	29	30				

	Décembre					
Di	Lu	Ma	Me	Je	Ve	Sa
			1	2	3	4
5	6	7	8	9	10	11
12	13	14	15	16	17	18
19	20	21	22	23	24	25
26	27	28	29	30	31	

Semaine du..........au............

	lundi	mardi	mercredi	jeudi	vendredi	samedi	dimanche
8h00							
9h00							
10h00							
11h00							
12h00							
13h00							
14h00							
15h00							
16h00							
17h00							
18h00							
19h00							
20h00							
21h00							

Semaine du.........au............

Nom	Nom	Nom
Tél	Tél	Tél
Nom	Nom	Nom
Tél	Tél	Tél
Nom	Nom	Nom
Tél	Tél	Tél
Nom	Nom	Nom
Tél	Tél	Tél
Nom	Nom	Nom
Tél	Tél	Tél
Nom	Nom	Nom
Tél	Tél	Tél
Nom	Nom	Nom
Tél	Tél	Tél
Nom	Nom	Nom
Tél	Tél	Tél
Nom	Nom	Nom
Tél	Tél	Tél
Nom	Nom	Nom
Tél	Tél	Tél
Nom	Nom	Nom
Tél	Tél	Tél
Nom	Nom	Nom
Tél	Tél	Tél
Nom	Nom	Nom
Tél	Tél	Tél
Nom	Nom	Nom
Tél	Tél	Tél
Nom	Nom	Nom
Tél	Tél	Tél
Nom	Nom	Nom
Tél	Tél	Tél
Nom	Nom	Nom
Tél	Tél	Tél
Nom	Nom	Nom
Tél	Tél	Tél

lundi _____

8h00

9h00

10h00

11h00

12h00

13h00

14h00

15h00

16h00

17h00

18h00

19h00

20h00

21h00

Note   Note   Note

Mardi

	8h00
	9h00
	10h00
	11h00
	12h00
	13h00
	14h00
	15h00
	16h00
	17h00
	18h00
	19h00
	20h00
	21h00

Note	Note	Note

mercredi

- 8h00
- 9h00
- 10h00
- 11h00
- 12h00
- 13h00
- 14h00
- 15h00
- 16h00
- 17h00
- 18h00
- 19h00
- 20h00
- 21h00

Note　　　Note　　　Note

jeudi _____

- 8h00
- 9h00
- 10h00
- 11h00
- 12h00
- 13h00
- 14h00
- 15h00
- 16h00
- 17h00
- 18h00
- 19h00
- 20h00
- 21h00

Note | Note | Note

vendredi _____

8h00

9h00

10h00

11h00

12h00

13h00

14h00

15h00

16h00

17h00

18h00

19h00

20h00

21h00

Note   Note   Note

samedi _____

- 8h00
- 9h00
- 10h00
- 11h00
- 12h00
- 13h00
- 14h00
- 15h00
- 16h00
- 17h00
- 18h00
- 19h00
- 20h00
- 21h00

Note	Note	Note

dimanche _____

- 8h00
- 9h00
- 10h00
- 11h00
- 12h00
- 13h00
- 14h00
- 15h00
- 16h00
- 17h00
- 18h00
- 19h00
- 20h00
- 21h00

Note   Note   Note

Bilan de la Semaine

Prestation	Clients	Total
vernis simple	40	
vernis semi permanent	40	
entretien	40	
nouvelle pose	40	
dépose complète	40	
Pose cils	40	
Vente de produits	40	

Comptabilité Semaine

Quantité	Prestation	€	Total	
	vernis simple			1
	vernis semi permanent			2
	Entretien			3
	nouvelle pose			4
	dépose complète			5
	Pose cils			6
	Vente de produits			7

Total Semaine _____ €

	Désignation	Total €	%	A Déclarer
1	vernis simple		22,3	
2	vernis semi permanent		22,3	
3	Entretien		22,3	
4	nouvelle pose		22,3	
5	dépose complète		22,3	
6	Pose cils		22,3	
7	Vente de produits		12,9	

Total Prestation de service _____ €
Total Vente de Produits _____ €

exemple calcul : pose à 45€
45X 22,3/100 =**10.035** *** à déclarer **10.035€**

Bon de Commande

Reference	designation produits	Quatité	Prix	Total

2021

Janvier
Di	Lu	Ma	Me	Je	Ve	Sa
					1	2
3	4	5	6	7	8	9
10	11	12	13	14	15	16
17	18	19	20	21	22	23
24	25	26	27	28	29	30
31						

Février
Di	Lu	Ma	Me	Je	Ve	Sa
	1	2	3	4	5	6
7	8	9	10	11	12	13
14	15	16	17	18	19	20
21	22	23	24	25	26	27
28						

Mars
Di	Lu	Ma	Me	Je	Ve	Sa
	1	2	3	4	5	6
7	8	9	10	11	12	13
14	15	16	17	18	19	20
21	22	23	24	25	26	27
28	29	30	31			

Avril
Di	Lu	Ma	Me	Je	Ve	Sa
				1	2	3
4	5	6	7	8	9	10
11	12	13	14	15	16	17
18	19	20	21	22	23	24
25	26	27	28	29	30	

Mai
Di	Lu	Ma	Me	Je	Ve	Sa
						1
2	3	4	5	6	7	8
9	10	11	12	13	14	15
16	17	18	19	20	21	22
23	24	25	26	27	28	29
30	31					

Juin
Di	Lu	Ma	Me	Je	Ve	Sa
		1	2	3	4	5
6	7	8	9	10	11	12
13	14	15	16	17	18	19
20	21	22	23	24	25	26
27	28	29	30			

Juillet
Di	Lu	Ma	Me	Je	Ve	Sa
				1	2	3
4	5	6	7	8	9	10
11	12	13	14	15	16	17
18	19	20	21	22	23	24
25	26	27	28	29	30	31

Août
Di	Lu	Ma	Me	Je	Ve	Sa
1	2	3	4	5	6	7
8	9	10	11	12	13	14
15	16	17	18	19	20	21
22	23	24	25	26	27	28
29	30	31				

Septembre
Di	Lu	Ma	Me	Je	Ve	Sa
			1	2	3	4
5	6	7	8	9	10	11
12	13	14	15	16	17	18
19	20	21	22	23	24	25
26	27	28	29	30		

Octobre
Di	Lu	Ma	Me	Je	Ve	Sa
					1	2
3	4	5	6	7	8	9
10	11	12	13	14	15	16
17	18	19	20	21	22	23
24	25	26	27	28	29	30
31						

Novembre
Di	Lu	Ma	Me	Je	Ve	Sa
	1	2	3	4	5	6
7	8	9	10	11	12	13
14	15	16	17	18	19	20
21	22	23	24	25	26	27
28	29	30				

Décembre
Di	Lu	Ma	Me	Je	Ve	Sa
			1	2	3	4
5	6	7	8	9	10	11
12	13	14	15	16	17	18
19	20	21	22	23	24	25
26	27	28	29	30	31	

Semaine du..........au............

	lundi	mardi	mercredi	jeudi	vendredi	samedi	dimanche
8h00							
9h00							
10h00							
11h00							
12h00							
13h00							
14h00							
15h00							
16h00							
17h00							
18h00							
19h00							
20h00							
21h00							

Semaine du.........au............

Nom	Nom	Nom
Tél	Tél	Tél
Nom	Nom	Nom
Tél	Tél	Tél
Nom	Nom	Nom
Tél	Tél	Tél

Nom	Nom	Nom
Tél	Tél	Tél
Nom	Nom	Nom
Tél	Tél	Tél
Nom	Nom	Nom
Tél	Tél	Tél

Nom	Nom	Nom
Tél	Tél	Tél
Nom	Nom	Nom
Tél	Tél	Tél
Nom	Nom	Nom
Tél	Tél	Tél

Nom	Nom	Nom
Tél	Tél	Tél
Nom	Nom	Nom
Tél	Tél	Tél
Nom	Nom	Nom
Tél	Tél	Tél

Nom	Nom	Nom
Tél	Tél	Tél
Nom	Nom	Nom
Tél	Tél	Tél
Nom	Nom	Nom
Tél	Tél	Tél

Nom	Nom	Nom
Tél	Tél	Tél
Nom	Nom	Nom
Tél	Tél	Tél
Nom	Nom	Nom
Tél	Tél	Tél
Nom	Nom	Nom
Tél	Tél	Tél

lundi _____

8h00

9h00

10h00

11h00

12h00

13h00

14h00

15h00

16h00

17h00

18h00

19h00

20h00

21h00

Note | Note | Note

Mardi _____

- 8h00
- 9h00
- 10h00
- 11h00
- 12h00
- 13h00
- 14h00
- 15h00
- 16h00
- 17h00
- 18h00
- 19h00
- 20h00
- 21h00

Note   *Note*   *Note*

mercredi _____

- 8h00
- 9h00
- 10h00
- 11h00
- 12h00
- 13h00
- 14h00
- 15h00
- 16h00
- 17h00
- 18h00
- 19h00
- 20h00
- 21h00

Note   Note   Note

jeudi _____

	8h00
	9h00
	10h00
	11h00
	12h00
	13h00
	14h00
	15h00
	16h00
	17h00
	18h00
	19h00
	20h00
	21h00

Note   *Note*   *Note*

vendredi

8h00

9h00

10h00

11h00

12h00

13h00

14h00

15h00

16h00

17h00

18h00

19h00

20h00

21h00

Note　　　　　Note　　　　　Note

samedi

8h00
9h00
10h00
11h00
12h00
13h00
14h00
15h00
16h00
17h00
18h00
19h00
20h00
21h00

Note | Note | Note

dimanche _____

- 8h00
- 9h00
- 10h00
- 11h00
- 12h00
- 13h00
- 14h00
- 15h00
- 16h00
- 17h00
- 18h00
- 19h00
- 20h00
- 21h00

Note Note Note

Bilan de la Semaine

Prestation	Clients	Total
vernis simple	40	
vernis semi permanent	40	
entretien	40	
nouvelle pose	40	
dépose complète	40	
Pose cils	40	
Vente de produits	40	

Comptabilité Semaine

Quantité	Prestation	€	Total	
	vernis simple			1
	vernis semi permanent			2
	Entretien			3
	nouvelle pose			4
	dépose complète			5
	Pose cils			6
	Vente de produits			7

Total Semaine _____ €

	Désignation	Total €	%	A Déclarer
1	vernis simple		22,3	
2	vernis semi permanent		22,3	
3	Entretien		22,3	
4	nouvelle pose		22,3	
5	dépose complète		22,3	
6	Pose cils		22,3	
7	Vente de produits		12,9	

Total Prestation de service _____ €
Total Vente de Produits _____ €

exemple calcul : pose à 45€
45X 22,3/100 =**10.035** *** à déclarer **10.035€**

Bon de Commande

Reference	designation produits	Quatité	Prix	Total

2021

		Janvier				
Di	Lu	Ma	Me	Je	Ve	Sa
					1	2
3	4	5	6	7	8	9
10	11	12	13	14	15	16
17	18	19	20	21	22	23
24	25	26	27	28	29	30
31						

		Février				
Di	Lu	Ma	Me	Je	Ve	Sa
	1	2	3	4	5	6
7	8	9	10	11	12	13
14	15	16	17	18	19	20
21	22	23	24	25	26	27
28						

		Mars				
Di	Lu	Ma	Me	Je	Ve	Sa
	1	2	3	4	5	6
7	8	9	10	11	12	13
14	15	16	17	18	19	20
21	22	23	24	25	26	27
28	29	30	31			

		Avril				
Di	Lu	Ma	Me	Je	Ve	Sa
				1	2	3
4	5	6	7	8	9	10
11	12	13	14	15	16	17
18	19	20	21	22	23	24
25	26	27	28	29	30	

		Mai				
Di	Lu	Ma	Me	Je	Ve	Sa
						1
2	3	4	5	6	7	8
9	10	11	12	13	14	15
16	17	18	19	20	21	22
23	24	25	26	27	28	29
30	31					

		Juin				
Di	Lu	Ma	Me	Je	Ve	Sa
		1	2	3	4	5
6	7	8	9	10	11	12
13	14	15	16	17	18	19
20	21	22	23	24	25	26
27	28	29	30			

		Juillet				
Di	Lu	Ma	Me	Je	Ve	Sa
				1	2	3
4	5	6	7	8	9	10
11	12	13	14	15	16	17
18	19	20	21	22	23	24
25	26	27	28	29	30	31

		Août				
Di	Lu	Ma	Me	Je	Ve	Sa
1	2	3	4	5	6	7
8	9	10	11	12	13	14
15	16	17	18	19	20	21
22	23	24	25	26	27	28
29	30	31				

		Septembre				
Di	Lu	Ma	Me	Je	Ve	Sa
			1	2	3	4
5	6	7	8	9	10	11
12	13	14	15	16	17	18
19	20	21	22	23	24	25
26	27	28	29	30		

		Octobre				
Di	Lu	Ma	Me	Je	Ve	Sa
					1	2
3	4	5	6	7	8	9
10	11	12	13	14	15	16
17	18	19	20	21	22	23
24	25	26	27	28	29	30
31						

		Novembre				
Di	Lu	Ma	Me	Je	Ve	Sa
	1	2	3	4	5	6
7	8	9	10	11	12	13
14	15	16	17	18	19	20
21	22	23	24	25	26	27
28	29	30				

		Décembre				
Di	Lu	Ma	Me	Je	Ve	Sa
			1	2	3	4
5	6	7	8	9	10	11
12	13	14	15	16	17	18
19	20	21	22	23	24	25
26	27	28	29	30	31	

Semaine du………au…………

	lundi	mardi	mercredi	jeudi	vendredi	samedi	dimanche
8h00							
9h00							
10h00							
11h00							
12h00							
13h00							
14h00							
15h00							
16h00							
17h00							
18h00							
19h00							
20h00							
21h00							

Semaine du..........au............

Nom	Nom	Nom
Tél	Tél	Tél
Nom	Nom	Nom
Tél	Tél	Tél
Nom	Nom	Nom
Tél	Tél	Tél
Nom	Nom	Nom
Tél	Tél	Tél
Nom	Nom	Nom
Tél	Tél	Tél
Nom	Nom	Nom
Tél	Tél	Tél
Nom	Nom	Nom
Tél	Tél	Tél
Nom	Nom	Nom
Tél	Tél	Tél
Nom	Nom	Nom
Tél	Tél	Tél
Nom	Nom	Nom
Tél	Tél	Tél
Nom	Nom	Nom
Tél	Tél	Tél
Nom	Nom	Nom
Tél	Tél	Tél
Nom	Nom	Nom
Tél	Tél	Tél
Nom	Nom	Nom
Tél	Tél	Tél
Nom	Nom	Nom
Tél	Tél	Tél
Nom	Nom	Nom
Tél	Tél	Tél
Nom	Nom	Nom
Tél	Tél	Tél
Nom	Nom	Nom
Tél	Tél	Tél

lundi _____

8h00 --

9h00 --

10h00 ---

11h00 ---

12h00 ---

13h00 ---

14h00 ---

15h00 ---

16h00 ---

17h00 ---

18h00 ---

19h00 ---

20h00 ---

21h00 ---

Note	Note	Note

Mardi

- 8h00
- 9h00
- 10h00
- 11h00
- 12h00
- 13h00
- 14h00
- 15h00
- 16h00
- 17h00
- 18h00
- 19h00
- 20h00
- 21h00

Note	Note	Note

mercredi

- 8h00
- 9h00
- 10h00
- 11h00
- 12h00
- 13h00
- 14h00
- 15h00
- 16h00
- 17h00
- 18h00
- 19h00
- 20h00
- 21h00

Note | Note | Note

jeudi _____

- 8h00
- 9h00
- 10h00
- 11h00
- 12h00
- 13h00
- 14h00
- 15h00
- 16h00
- 17h00
- 18h00
- 19h00
- 20h00
- 21h00

Note | Note | Note

vendredi _____

- 8h00
- 9h00
- 10h00
- 11h00
- 12h00
- 13h00
- 14h00
- 15h00
- 16h00
- 17h00
- 18h00
- 19h00
- 20h00
- 21h00

Note   Note   Note

samedi ....

- 8h00
- 9h00
- 10h00
- 11h00
- 12h00
- 13h00
- 14h00
- 15h00
- 16h00
- 17h00
- 18h00
- 19h00
- 20h00
- 21h00

Note — *Note* — *Note*

dimanche

8h00

9h00

10h00

11h00

12h00

13h00

14h00

15h00

16h00

17h00

18h00

19h00

20h00

21h00

Note　　　　　Note　　　　　Note

Bilan de la Semaine

Prestation	Clients	Total
vernis simple		
vernis semi permanent		
entretien		
nouvelle pose		
dépose complète		
Pose cils		
Vente de produits		

Comptabilité Semaine

Quantité	Prestation	€	Total	
	vernis simple			1
	vernis semi permanent			2
	Entretien			3
	nouvelle pose			4
	dépose complète			5
	Pose cils			6
	Vente de produits			7

Total Semaine _____ €

	Désignation	Total €	%	A Déclarer
1	vernis simple		22,3	
2	vernis semi permanent		22,3	
3	Entretien		22,3	
4	nouvelle pose		22,3	
5	dépose complète		22,3	
6	Pose cils		22,3	
7	Vente de produits		12,9	

Total Prestation de service _____ €
Total Vente de Produits _____ €

exemple calcul : pose à 45€
45X 22,3/100 =**10.035** *** à déclarer **10.035€**

Bon de Commande

Reference	designation produits	Quatité	Prix	Total

2021

Janvier
Di	Lu	Ma	Me	Je	Ve	Sa
					1	2
3	4	5	6	7	8	9
10	11	12	13	14	15	16
17	18	19	20	21	22	23
24	25	26	27	28	29	30
31						

Février
Di	Lu	Ma	Me	Je	Ve	Sa
	1	2	3	4	5	6
7	8	9	10	11	12	13
14	15	16	17	18	19	20
21	22	23	24	25	26	27
28						

Mars
Di	Lu	Ma	Me	Je	Ve	Sa
	1	2	3	4	5	6
7	8	9	10	11	12	13
14	15	16	17	18	19	20
21	22	23	24	25	26	27
28	29	30	31			

Avril
Di	Lu	Ma	Me	Je	Ve	Sa
				1	2	3
4	5	6	7	8	9	10
11	12	13	14	15	16	17
18	19	20	21	22	23	24
25	26	27	28	29	30	

Mai
Di	Lu	Ma	Me	Je	Ve	Sa
						1
2	3	4	5	6	7	8
9	10	11	12	13	14	15
16	17	18	19	20	21	22
23	24	25	26	27	28	29
30	31					

Juin
Di	Lu	Ma	Me	Je	Ve	Sa
		1	2	3	4	5
6	7	8	9	10	11	12
13	14	15	16	17	18	19
20	21	22	23	24	25	26
27	28	29	30			

Juillet
Di	Lu	Ma	Me	Je	Ve	Sa
				1	2	3
4	5	6	7	8	9	10
11	12	13	14	15	16	17
18	19	20	21	22	23	24
25	26	27	28	29	30	31

Août
Di	Lu	Ma	Me	Je	Ve	Sa
1	2	3	4	5	6	7
8	9	10	11	12	13	14
15	16	17	18	19	20	21
22	23	24	25	26	27	28
29	30	31				

Septembre
Di	Lu	Ma	Me	Je	Ve	Sa
			1	2	3	4
5	6	7	8	9	10	11
12	13	14	15	16	17	18
19	20	21	22	23	24	25
26	27	28	29	30		

Octobre
Di	Lu	Ma	Me	Je	Ve	Sa
					1	2
3	4	5	6	7	8	9
10	11	12	13	14	15	16
17	18	19	20	21	22	23
24	25	26	27	28	29	30
31						

Novembre
Di	Lu	Ma	Me	Je	Ve	Sa
	1	2	3	4	5	6
7	8	9	10	11	12	13
14	15	16	17	18	19	20
21	22	23	24	25	26	27
28	29	30				

Décembre
Di	Lu	Ma	Me	Je	Ve	Sa
			1	2	3	4
5	6	7	8	9	10	11
12	13	14	15	16	17	18
19	20	21	22	23	24	25
26	27	28	29	30	31	

Semaine du……….au………….

	lundi	mardi	mercredi	jeudi	vendredi	samedi	dimanche
8h00							
9h00							
10h00							
11h00							
12h00							
13h00							
14h00							
15h00							
16h00							
17h00							
18h00							
19h00							
20h00							
21h00							

Semaine du.........au............

Nom	Nom	Nom
Tél	Tél	Tél
Nom	Nom	Nom
Tél	Tél	Tél
Nom	Nom	Nom
Tél	Tél	Tél
Nom	Nom	Nom
Tél	Tél	Tél
Nom	Nom	Nom
Tél	Tél	Tél
Nom	Nom	Nom
Tél	Tél	Tél
Nom	Nom	Nom
Tél	Tél	Tél
Nom	Nom	Nom
Tél	Tél	Tél
Nom	Nom	Nom
Tél	Tél	Tél
Nom	Nom	Nom
Tél	Tél	Tél
Nom	Nom	Nom
Tél	Tél	Tél
Nom	Nom	Nom
Tél	Tél	Tél
Nom	Nom	Nom
Tél	Tél	Tél
Nom	Nom	Nom
Tél	Tél	Tél
Nom	Nom	Nom
Tél	Tél	Tél
Nom	Nom	Nom
Tél	Tél	Tél
Nom	Nom	Nom
Tél	Tél	Tél
Nom	Nom	Nom
Tél	Tél	Tél

lundi _____

8h00 _____
9h00 _____
10h00 _____
11h00 _____
12h00 _____
13h00 _____
14h00 _____
15h00 _____
16h00 _____
17h00 _____
18h00 _____
19h00 _____
20h00 _____
21h00 _____

Note   Note   Note

Mardi

- 8h00
- 9h00
- 10h00
- 11h00
- 12h00
- 13h00
- 14h00
- 15h00
- 16h00
- 17h00
- 18h00
- 19h00
- 20h00
- 21h00

Note *Note* *Note*

mercredi

8h00

9h00

10h00

11h00

12h00

13h00

14h00

15h00

16h00

17h00

18h00

19h00

20h00

21h00

Note Note Note

jeudi

- 8h00
- 9h00
- 10h00
- 11h00
- 12h00
- 13h00
- 14h00
- 15h00
- 16h00
- 17h00
- 18h00
- 19h00
- 20h00
- 21h00

Note Note Note

vendredi _____

8h00

9h00

10h00

11h00

12h00

13h00

14h00

15h00

16h00

17h00

18h00

19h00

20h00

21h00

Note | *Note* | *Note*

samedi

8h00
9h00
10h00
11h00
12h00
13h00
14h00
15h00
16h00
17h00
18h00
19h00
20h00
21h00

Note Note Note

dimanche

- 8h00
- 9h00
- 10h00
- 11h00
- 12h00
- 13h00
- 14h00
- 15h00
- 16h00
- 17h00
- 18h00
- 19h00
- 20h00
- 21h00

Note	Note	Note

Bilan de la Semaine

Prestation	Clients	Total
vernis simple		
vernis semi permanent		
entretien		
nouvelle pose		
dépose complète		
Pose cils		
Vente de produits		

Comptabilité Semaine

Quantité	Prestation	€	Total	
	vernis simple			1
	vernis semi permanent			2
	Entretien			3
	nouvelle pose			4
	dépose complète			5
	Pose cils			6
	Vente de produits			7

Total Semaine _____ €

	Désignation	Total €	%	A Déclarer
1	vernis simple		22,3	
2	vernis semi permanent		22,3	
3	Entretien		22,3	
4	nouvelle pose		22,3	
5	dépose complète		22,3	
6	Pose cils		22,3	
7	Vente de produits		12,9	

Total Prestation de service _____ €
Total Vente de Produits _____ €

exemple calcul : pose à 45€
45X 22,3/100 =**10.035** *** à déclarer **10.035€**

Bon de Commande

Reference	designation produits	Quatité	Prix	Total

2021

Janvier
Di	Lu	Ma	Me	Je	Ve	Sa
					1	2
3	4	5	6	7	8	9
10	11	12	13	14	15	16
17	18	19	20	21	22	23
24	25	26	27	28	29	30
31						

Février
Di	Lu	Ma	Me	Je	Ve	Sa
	1	2	3	4	5	6
7	8	9	10	11	12	13
14	15	16	17	18	19	20
21	22	23	24	25	26	27
28						

Mars
Di	Lu	Ma	Me	Je	Ve	Sa
	1	2	3	4	5	6
7	8	9	10	11	12	13
14	15	16	17	18	19	20
21	22	23	24	25	26	27
28	29	30	31			

Avril
Di	Lu	Ma	Me	Je	Ve	Sa
				1	2	3
4	5	6	7	8	9	10
11	12	13	14	15	16	17
18	19	20	21	22	23	24
25	26	27	28	29	30	

Mai
Di	Lu	Ma	Me	Je	Ve	Sa
						1
2	3	4	5	6	7	8
9	10	11	12	13	14	15
16	17	18	19	20	21	22
23	24	25	26	27	28	29
30	31					

Juin
Di	Lu	Ma	Me	Je	Ve	Sa
		1	2	3	4	5
6	7	8	9	10	11	12
13	14	15	16	17	18	19
20	21	22	23	24	25	26
27	28	29	30			

Juillet
Di	Lu	Ma	Me	Je	Ve	Sa
				1	2	3
4	5	6	7	8	9	10
11	12	13	14	15	16	17
18	19	20	21	22	23	24
25	26	27	28	29	30	31

Août
Di	Lu	Ma	Me	Je	Ve	Sa
1	2	3	4	5	6	7
8	9	10	11	12	13	14
15	16	17	18	19	20	21
22	23	24	25	26	27	28
29	30	31				

Septembre
Di	Lu	Ma	Me	Je	Ve	Sa
			1	2	3	4
5	6	7	8	9	10	11
12	13	14	15	16	17	18
19	20	21	22	23	24	25
26	27	28	29	30		

Octobre
Di	Lu	Ma	Me	Je	Ve	Sa
					1	2
3	4	5	6	7	8	9
10	11	12	13	14	15	16
17	18	19	20	21	22	23
24	25	26	27	28	29	30
31						

Novembre
Di	Lu	Ma	Me	Je	Ve	Sa
	1	2	3	4	5	6
7	8	9	10	11	12	13
14	15	16	17	18	19	20
21	22	23	24	25	26	27
28	29	30				

Décembre
Di	Lu	Ma	Me	Je	Ve	Sa
			1	2	3	4
5	6	7	8	9	10	11
12	13	14	15	16	17	18
19	20	21	22	23	24	25
26	27	28	29	30	31	

Semaine du..........au...........

	lundi	mardi	mercredi	jeudi	vendredi	samedi	dimanche
8h00							
9h00							
10h00							
11h00							
12h00							
13h00							
14h00							
15h00							
16h00							
17h00							
18h00							
19h00							
20h00							
21h00							

Semaine du……….au…………

Nom	Nom	Nom
Tél	Tél	Tél
Nom	Nom	Nom
Tél	Tél	Tél
Nom	Nom	Nom
Tél	Tél	Tél
Nom	Nom	Nom
Tél	Tél	Tél
Nom	Nom	Nom
Tél	Tél	Tél
Nom	Nom	Nom
Tél	Tél	Tél
Nom	Nom	Nom
Tél	Tél	Tél
Nom	Nom	Nom
Tél	Tél	Tél
Nom	Nom	Nom
Tél	Tél	Tél
Nom	Nom	Nom
Tél	Tél	Tél
Nom	Nom	Nom
Tél	Tél	Tél
Nom	Nom	Nom
Tél	Tél	Tél
Nom	Nom	Nom
Tél	Tél	Tél
Nom	Nom	Nom
Tél	Tél	Tél
Nom	Nom	Nom
Tél	Tél	Tél
Nom	Nom	Nom
Tél	Tél	Tél
Nom	Nom	Nom
Tél	Tél	Tél
Nom	Nom	Nom
Tél	Tél	Tél

lundi

- 8h00
- 9h00
- 10h00
- 11h00
- 12h00
- 13h00
- 14h00
- 15h00
- 16h00
- 17h00
- 18h00
- 19h00
- 20h00
- 21h00

Note   Note   Note

Mardi

8h00
9h00
10h00
11h00
12h00
13h00
14h00
15h00
16h00
17h00
18h00
19h00
20h00
21h00

Note   Note   Note

mercredi _____

- 8h00
- 9h00
- 10h00
- 11h00
- 12h00
- 13h00
- 14h00
- 15h00
- 16h00
- 17h00
- 18h00
- 19h00
- 20h00
- 21h00

Note   Note   Note

jeudi _____

_____ 8h00
_____ 9h00
_____ 10h00
_____ 11h00
_____ 12h00
_____ 13h00
_____ 14h00
_____ 15h00
_____ 16h00
_____ 17h00
_____ 18h00
_____ 19h00
_____ 20h00
_____ 21h00

Note	Note	Note

vendredi _____

8h00 ------------------------------

9h00 ------------------------------

10h00 -----------------------------

11h00 -----------------------------

12h00 -----------------------------

13h00 -----------------------------

14h00 -----------------------------

15h00 -----------------------------

16h00 -----------------------------

17h00 -----------------------------

18h00 -----------------------------

19h00 -----------------------------

20h00 -----------------------------

21h00 -----------------------------

Note	Note	Note

samedi ....

8h00

9h00

10h00

11h00

12h00

13h00

14h00

15h00

16h00

17h00

18h00

19h00

20h00

21h00

Note | Note | Note

dimanche

8h00
9h00
10h00
11h00
12h00
13h00
14h00
15h00
16h00
17h00
18h00
19h00
20h00
21h00

Note   Note   Note

Bilan de la Semaine

Prestation	Clients	Total
vernis simple	40	
vernis semi permanent	40	
entretien	40	
nouvelle pose	40	
dépose complète	40	
Pose cils	40	
Vente de produits	40	

Comptabilité Semaine

Quantité	Prestation	€	Total	
	vernis simple			1
	vernis semi permanent			2
	Entretien			3
	nouvelle pose			4
	dépose complète			5
	Pose cils			6
	Vente de produits			7

Total Semaine _____ €

	Désignation	Total €	%	A Déclarer
1	vernis simple		22,3	
2	vernis semi permanent		22,3	
3	Entretien		22,3	
4	nouvelle pose		22,3	
5	dépose complète		22,3	
6	Pose cils		22,3	
7	Vente de produits		12,9	

Total Prestation de service _____ €
Total Vente de Produits _____ €

exemple calcul : pose à 45€
45X 22,3/100 =**10.035** *** à déclarer **10.035€**

Bon de Commande

Reference	designation produits	Quatité	Prix	Total

2021

Janvier
Di	Lu	Ma	Me	Je	Ve	Sa
					1	2
3	4	5	6	7	8	9
10	11	12	13	14	15	16
17	18	19	20	21	22	23
24	25	26	27	28	29	30
31						

Février
Di	Lu	Ma	Me	Je	Ve	Sa
	1	2	3	4	5	6
7	8	9	10	11	12	13
14	15	16	17	18	19	20
21	22	23	24	25	26	27
28						

Mars
Di	Lu	Ma	Me	Je	Ve	Sa
	1	2	3	4	5	6
7	8	9	10	11	12	13
14	15	16	17	18	19	20
21	22	23	24	25	26	27
28	29	30	31			

Avril
Di	Lu	Ma	Me	Je	Ve	Sa
				1	2	3
4	5	6	7	8	9	10
11	12	13	14	15	16	17
18	19	20	21	22	23	24
25	26	27	28	29	30	

Mai
Di	Lu	Ma	Me	Je	Ve	Sa
						1
2	3	4	5	6	7	8
9	10	11	12	13	14	15
16	17	18	19	20	21	22
23	24	25	26	27	28	29
30	31					

Juin
Di	Lu	Ma	Me	Je	Ve	Sa
		1	2	3	4	5
6	7	8	9	10	11	12
13	14	15	16	17	18	19
20	21	22	23	24	25	26
27	28	29	30			

Juillet
Di	Lu	Ma	Me	Je	Ve	Sa
				1	2	3
4	5	6	7	8	9	10
11	12	13	14	15	16	17
18	19	20	21	22	23	24
25	26	27	28	29	30	31

Août
Di	Lu	Ma	Me	Je	Ve	Sa
1	2	3	4	5	6	7
8	9	10	11	12	13	14
15	16	17	18	19	20	21
22	23	24	25	26	27	28
29	30	31				

Septembre
Di	Lu	Ma	Me	Je	Ve	Sa
			1	2	3	4
5	6	7	8	9	10	11
12	13	14	15	16	17	18
19	20	21	22	23	24	25
26	27	28	29	30		

Octobre
Di	Lu	Ma	Me	Je	Ve	Sa
					1	2
3	4	5	6	7	8	9
10	11	12	13	14	15	16
17	18	19	20	21	22	23
24	25	26	27	28	29	30
31						

Novembre
Di	Lu	Ma	Me	Je	Ve	Sa
	1	2	3	4	5	6
7	8	9	10	11	12	13
14	15	16	17	18	19	20
21	22	23	24	25	26	27
28	29	30				

Décembre
Di	Lu	Ma	Me	Je	Ve	Sa
			1	2	3	4
5	6	7	8	9	10	11
12	13	14	15	16	17	18
19	20	21	22	23	24	25
26	27	28	29	30	31	

Semaine du..........au...........

	lundi	mardi	mercredi	jeudi	vendredi	samedi	dimanche
8h00							
9h00							
10h00							
11h00							
12h00							
13h00							
14h00							
15h00							
16h00							
17h00							
18h00							
19h00							
20h00							
21h00							

Semaine du.........au............

Nom	Nom	Nom
Tél	Tél	Tél
Nom	Nom	Nom
Tél	Tél	Tél
Nom	Nom	Nom
Tél	Tél	Tél
Nom	Nom	Nom
Tél	Tél	Tél
Nom	Nom	Nom
Tél	Tél	Tél
Nom	Nom	Nom
Tél	Tél	Tél
Nom	Nom	Nom
Tél	Tél	Tél
Nom	Nom	Nom
Tél	Tél	Tél
Nom	Nom	Nom
Tél	Tél	Tél
Nom	Nom	Nom
Tél	Tél	Tél
Nom	Nom	Nom
Tél	Tél	Tél
Nom	Nom	Nom
Tél	Tél	Tél
Nom	Nom	Nom
Tél	Tél	Tél
Nom	Nom	Nom
Tél	Tél	Tél
Nom	Nom	Nom
Tél	Tél	Tél
Nom	Nom	Nom
Tél	Tél	Tél
Nom	Nom	Nom
Tél	Tél	Tél
Nom	Nom	Nom
Tél	Tél	Tél

lundi

| 8h00 |
| 9h00 |
| 10h00 |
| 11h00 |
| 12h00 |
| 13h00 |
| 14h00 |
| 15h00 |
| 16h00 |
| 17h00 |
| 18h00 |
| 19h00 |
| 20h00 |
| 21h00 |

Note   Note   Note

Mardi

- 8h00
- 9h00
- 10h00
- 11h00
- 12h00
- 13h00
- 14h00
- 15h00
- 16h00
- 17h00
- 18h00
- 19h00
- 20h00
- 21h00

Note   Note   Note

mercredi _____

- 8h00
- 9h00
- 10h00
- 11h00
- 12h00
- 13h00
- 14h00
- 15h00
- 16h00
- 17h00
- 18h00
- 19h00
- 20h00
- 21h00

Note   Note   Note

jeudi

- 8h00
- 9h00
- 10h00
- 11h00
- 12h00
- 13h00
- 14h00
- 15h00
- 16h00
- 17h00
- 18h00
- 19h00
- 20h00
- 21h00

Note Note Note

vendredi _____

8h00
9h00
10h00
11h00
12h00
13h00
14h00
15h00
16h00
17h00
18h00
19h00
20h00
21h00

Note   Note   Note

samedi

- 8h00
- 9h00
- 10h00
- 11h00
- 12h00
- 13h00
- 14h00
- 15h00
- 16h00
- 17h00
- 18h00
- 19h00
- 20h00
- 21h00

Note | Note | Note

dimanche

8h00

9h00

10h00

11h00

12h00

13h00

14h00

15h00

16h00

17h00

18h00

19h00

20h00

21h00

Note   Note   Note

Bilan de la Semaine

Prestation	Clients	Total
vernis simple		
vernis semi permanent		
entretien		
nouvelle pose		
dépose complète		
Pose cils		
Vente de produits		

Comptabilité Semaine

Quantité	Prestation	€	Total	
	vernis simple			1
	vernis semi permanent			2
	Entretien			3
	nouvelle pose			4
	dépose complète			5
	Pose cils			6
	Vente de produits			7

Total Semaine _____ €

	Désignation	Total €	%	A Déclarer
1	vernis simple		22,3	
2	vernis semi permanent		22,3	
3	Entretien		22,3	
4	nouvelle pose		22,3	
5	dépose complète		22,3	
6	Pose cils		22,3	
7	Vente de produits		12,9	

Total Prestation de service _____ €
Total Vente de Produits _____ €

exemple calcul : pose à 45€
45X 22,3/100 =**10.035** *** à déclarer **10.035€**

Bon de Commande

Reference	designation produits	Quatité	Prix	Total

2021

Janvier
Di	Lu	Ma	Me	Je	Ve	Sa
					1	2
3	4	5	6	7	8	9
10	11	12	13	14	15	16
17	18	19	20	21	22	23
24	25	26	27	28	29	30
31						

Février
Di	Lu	Ma	Me	Je	Ve	Sa
	1	2	3	4	5	6
7	8	9	10	11	12	13
14	15	16	17	18	19	20
21	22	23	24	25	26	27
28						

Mars
Di	Lu	Ma	Me	Je	Ve	Sa
	1	2	3	4	5	6
7	8	9	10	11	12	13
14	15	16	17	18	19	20
21	22	23	24	25	26	27
28	29	30	31			

Avril
Di	Lu	Ma	Me	Je	Ve	Sa
				1	2	3
4	5	6	7	8	9	10
11	12	13	14	15	16	17
18	19	20	21	22	23	24
25	26	27	28	29	30	

Mai
Di	Lu	Ma	Me	Je	Ve	Sa
						1
2	3	4	5	6	7	8
9	10	11	12	13	14	15
16	17	18	19	20	21	22
23	24	25	26	27	28	29
30	31					

Juin
Di	Lu	Ma	Me	Je	Ve	Sa
		1	2	3	4	5
6	7	8	9	10	11	12
13	14	15	16	17	18	19
20	21	22	23	24	25	26
27	28	29	30			

Juillet
Di	Lu	Ma	Me	Je	Ve	Sa
				1	2	3
4	5	6	7	8	9	10
11	12	13	14	15	16	17
18	19	20	21	22	23	24
25	26	27	28	29	30	31

Août
Di	Lu	Ma	Me	Je	Ve	Sa
1	2	3	4	5	6	7
8	9	10	11	12	13	14
15	16	17	18	19	20	21
22	23	24	25	26	27	28
29	30	31				

Septembre
Di	Lu	Ma	Me	Je	Ve	Sa
			1	2	3	4
5	6	7	8	9	10	11
12	13	14	15	16	17	18
19	20	21	22	23	24	25
26	27	28	29	30		

Octobre
Di	Lu	Ma	Me	Je	Ve	Sa
					1	2
3	4	5	6	7	8	9
10	11	12	13	14	15	16
17	18	19	20	21	22	23
24	25	26	27	28	29	30
31						

Novembre
Di	Lu	Ma	Me	Je	Ve	Sa
	1	2	3	4	5	6
7	8	9	10	11	12	13
14	15	16	17	18	19	20
21	22	23	24	25	26	27
28	29	30				

Décembre
Di	Lu	Ma	Me	Je	Ve	Sa
			1	2	3	4
5	6	7	8	9	10	11
12	13	14	15	16	17	18
19	20	21	22	23	24	25
26	27	28	29	30	31	

Semaine du..........au...........

	lundi	mardi	mercredi	jeudi	vendredi	samedi	dimanche
8h00							
9h00							
10h00							
11h00							
12h00							
13h00							
14h00							
15h00							
16h00							
17h00							
18h00							
19h00							
20h00							
21h00							

Semaine du..........au............

Nom	Nom	Nom
Tél	Tél	Tél
Nom	Nom	Nom
Tél	Tél	Tél
Nom	Nom	Nom
Tél	Tél	Tél
Nom	Nom	Nom
Tél	Tél	Tél
Nom	Nom	Nom
Tél	Tél	Tél
Nom	Nom	Nom
Tél	Tél	Tél
Nom	Nom	Nom
Tél	Tél	Tél
Nom	Nom	Nom
Tél	Tél	Tél
Nom	Nom	Nom
Tél	Tél	Tél
Nom	Nom	Nom
Tél	Tél	Tél
Nom	Nom	Nom
Tél	Tél	Tél
Nom	Nom	Nom
Tél	Tél	Tél
Nom	Nom	Nom
Tél	Tél	Tél
Nom	Nom	Nom
Tél	Tél	Tél
Nom	Nom	Nom
Tél	Tél	Tél
Nom	Nom	Nom
Tél	Tél	Tél
Nom	Nom	Nom
Tél	Tél	Tél
Nom	Nom	Nom
Tél	Tél	Tél

lundi _____

8h00 _____

9h00 _____

10h00 _____

11h00 _____

12h00 _____

13h00 _____

14h00 _____

15h00 _____

16h00 _____

17h00 _____

18h00 _____

19h00 _____

20h00 _____

21h00 _____

Note   *Note*   *Note*

Mardi

8h00
9h00
10h00
11h00
12h00
13h00
14h00
15h00
16h00
17h00
18h00
19h00
20h00
21h00

Note | Note | Note

mercredi

8h00

9h00

10h00

11h00

12h00

13h00

14h00

15h00

16h00

17h00

18h00

19h00

20h00

21h00

Note Note Note

jeudi _____

- 8h00
- 9h00
- 10h00
- 11h00
- 12h00
- 13h00
- 14h00
- 15h00
- 16h00
- 17h00
- 18h00
- 19h00
- 20h00
- 21h00

Note	Note	Note

vendredi

- 8h00
- 9h00
- 10h00
- 11h00
- 12h00
- 13h00
- 14h00
- 15h00
- 16h00
- 17h00
- 18h00
- 19h00
- 20h00
- 21h00

Note Note Note

samedi _____

- 8h00
- 9h00
- 10h00
- 11h00
- 12h00
- 13h00
- 14h00
- 15h00
- 16h00
- 17h00
- 18h00
- 19h00
- 20h00
- 21h00

Note	Note	Note

dimanche

- 8h00
- 9h00
- 10h00
- 11h00
- 12h00
- 13h00
- 14h00
- 15h00
- 16h00
- 17h00
- 18h00
- 19h00
- 20h00
- 21h00

Note   Note   Note

Bilan de la Semaine

Prestation	Clients	Total
vernis simple		
vernis semi permanent		
entretien		
nouvelle pose		
dépose complète		
Pose cils		
Vente de produits		

Comptabilité Semaine

Quantité	Prestation	€	Total	
	vernis simple			1
	vernis semi permanent			2
	Entretien			3
	nouvelle pose			4
	dépose complète			5
	Pose cils			6
	Vente de produits			7

Total Semaine _____ €

	Désignation	Total €	%	A Déclarer
1	vernis simple		22,3	
2	vernis semi permanent		22,3	
3	Entretien		22,3	
4	nouvelle pose		22,3	
5	dépose complète		22,3	
6	Pose cils		22,3	
7	Vente de produits		12,9	

Total Prestation de service _____ €
Total Vente de Produits _____ €

exemple calcul : pose à 45€
45X 22,3/100 =**10.035** *** à déclarer **10.035€**

Bon de Commande

Reference	designation produits	Quatité	Prix	Total

2021

Janvier
Di	Lu	Ma	Me	Je	Ve	Sa
					1	2
3	4	5	6	7	8	9
10	11	12	13	14	15	16
17	18	19	20	21	22	23
24	25	26	27	28	29	30
31						

Février
Di	Lu	Ma	Me	Je	Ve	Sa
	1	2	3	4	5	6
7	8	9	10	11	12	13
14	15	16	17	18	19	20
21	22	23	24	25	26	27
28						

Mars
Di	Lu	Ma	Me	Je	Ve	Sa
	1	2	3	4	5	6
7	8	9	10	11	12	13
14	15	16	17	18	19	20
21	22	23	24	25	26	27
28	29	30	31			

Avril
Di	Lu	Ma	Me	Je	Ve	Sa
				1	2	3
4	5	6	7	8	9	10
11	12	13	14	15	16	17
18	19	20	21	22	23	24
25	26	27	28	29	30	

Mai
Di	Lu	Ma	Me	Je	Ve	Sa
						1
2	3	4	5	6	7	8
9	10	11	12	13	14	15
16	17	18	19	20	21	22
23	24	25	26	27	28	29
30	31					

Juin
Di	Lu	Ma	Me	Je	Ve	Sa
		1	2	3	4	5
6	7	8	9	10	11	12
13	14	15	16	17	18	19
20	21	22	23	24	25	26
27	28	29	30			

Juillet
Di	Lu	Ma	Me	Je	Ve	Sa
				1	2	3
4	5	6	7	8	9	10
11	12	13	14	15	16	17
18	19	20	21	22	23	24
25	26	27	28	29	30	31

Août
Di	Lu	Ma	Me	Je	Ve	Sa
1	2	3	4	5	6	7
8	9	10	11	12	13	14
15	16	17	18	19	20	21
22	23	24	25	26	27	28
29	30	31				

Septembre
Di	Lu	Ma	Me	Je	Ve	Sa
			1	2	3	4
5	6	7	8	9	10	11
12	13	14	15	16	17	18
19	20	21	22	23	24	25
26	27	28	29	30		

Octobre
Di	Lu	Ma	Me	Je	Ve	Sa
					1	2
3	4	5	6	7	8	9
10	11	12	13	14	15	16
17	18	19	20	21	22	23
24	25	26	27	28	29	30
31						

Novembre
Di	Lu	Ma	Me	Je	Ve	Sa
	1	2	3	4	5	6
7	8	9	10	11	12	13
14	15	16	17	18	19	20
21	22	23	24	25	26	27
28	29	30				

Décembre
Di	Lu	Ma	Me	Je	Ve	Sa
			1	2	3	4
5	6	7	8	9	10	11
12	13	14	15	16	17	18
19	20	21	22	23	24	25
26	27	28	29	30	31	

Semaine du...........au............

	lundi	mardi	mercredi	jeudi	vendredi	samedi	dimanche
8h00							
9h00							
10h00							
11h00							
12h00							
13h00							
14h00							
15h00							
16h00							
17h00							
18h00							
19h00							
20h00							
21h00							

Semaine du………..au…………

Nom	Nom	Nom
Tél	Tél	Tél
Nom	Nom	Nom
Tél	Tél	Tél
Nom	Nom	Nom
Tél	Tél	Tél
Nom	Nom	Nom
Tél	Tél	Tél
Nom	Nom	Nom
Tél	Tél	Tél
Nom	Nom	Nom
Tél	Tél	Tél
Nom	Nom	Nom
Tél	Tél	Tél
Nom	Nom	Nom
Tél	Tél	Tél
Nom	Nom	Nom
Tél	Tél	Tél
Nom	Nom	Nom
Tél	Tél	Tél
Nom	Nom	Nom
Tél	Tél	Tél
Nom	Nom	Nom
Tél	Tél	Tél
Nom	Nom	Nom
Tél	Tél	Tél
Nom	Nom	Nom
Tél	Tél	Tél
Nom	Nom	Nom
Tél	Tél	Tél
Nom	Nom	Nom
Tél	Tél	Tél
Nom	Nom	Nom
Tél	Tél	Tél
Nom	Nom	Nom
Tél	Tél	Tél

lundi

8h00

9h00

10h00

11h00

12h00

13h00

14h00

15h00

16h00

17h00

18h00

19h00

20h00

21h00

Note	Note	Note

Mardi

8h00
9h00
10h00
11h00
12h00
13h00
14h00
15h00
16h00
17h00
18h00
19h00
20h00
21h00

Note   Note   Note

mercredi

- 8h00
- 9h00
- 10h00
- 11h00
- 12h00
- 13h00
- 14h00
- 15h00
- 16h00
- 17h00
- 18h00
- 19h00
- 20h00
- 21h00

Note   Note   Note

jeudi

- 8h00
- 9h00
- 10h00
- 11h00
- 12h00
- 13h00
- 14h00
- 15h00
- 16h00
- 17h00
- 18h00
- 19h00
- 20h00
- 21h00

Note *Note* *Note*

vendredi

- 8h00
- 9h00
- 10h00
- 11h00
- 12h00
- 13h00
- 14h00
- 15h00
- 16h00
- 17h00
- 18h00
- 19h00
- 20h00
- 21h00

Note   Note   Note

samedi

- 8h00
- 9h00
- 10h00
- 11h00
- 12h00
- 13h00
- 14h00
- 15h00
- 16h00
- 17h00
- 18h00
- 19h00
- 20h00
- 21h00

Note | Note | Note

dimanche _____

8h00

9h00

10h00

11h00

12h00

13h00

14h00

15h00

16h00

17h00

18h00

19h00

20h00

21h00

Note   *Note*   *Note*

Bilan de la Semaine

Prestation	Clients	Total
vernis simple	40	
vernis semi permanent	40	
entretien	40	
nouvelle pose	40	
dépose complète	40	
Pose cils	40	
Vente de produits	40	

Comptabilité Semaine

Quantité	Prestation	€	Total	
	vernis simple			1
	vernis semi permanent			2
	Entretien			3
	nouvelle pose			4
	dépose complète			5
	Pose cils			6
	Vente de produits			7

Total Semaine _____ €

	Désignation	Total €	%	A Déclarer
1	vernis simple		22,3	
2	vernis semi permanent		22,3	
3	Entretien		22,3	
4	nouvelle pose		22,3	
5	dépose complète		22,3	
6	Pose cils		22,3	
7	Vente de produits		12,9	

Total Prestation de service _____ €
Total Vente de Produits _____ €

exemple calcul : pose à 45€
45X 22,3/100 =**10.035** *** à déclarer **10.035€**

Bon de Commande

Reference	designation produits	Quatité	Prix	Total

2021

Janvier

Di	Lu	Ma	Me	Je	Ve	Sa
					1	2
3	4	5	6	7	8	9
10	11	12	13	14	15	16
17	18	19	20	21	22	23
24	25	26	27	28	29	30
31						

Février

Di	Lu	Ma	Me	Je	Ve	Sa
	1	2	3	4	5	6
7	8	9	10	11	12	13
14	15	16	17	18	19	20
21	22	23	24	25	26	27
28						

Mars

Di	Lu	Ma	Me	Je	Ve	Sa
	1	2	3	4	5	6
7	8	9	10	11	12	13
14	15	16	17	18	19	20
21	22	23	24	25	26	27
28	29	30	31			

Avril

Di	Lu	Ma	Me	Je	Ve	Sa
				1	2	3
4	5	6	7	8	9	10
11	12	13	14	15	16	17
18	19	20	21	22	23	24
25	26	27	28	29	30	

Mai

Di	Lu	Ma	Me	Je	Ve	Sa
						1
2	3	4	5	6	7	8
9	10	11	12	13	14	15
16	17	18	19	20	21	22
23	24	25	26	27	28	29
30	31					

Juin

Di	Lu	Ma	Me	Je	Ve	Sa
		1	2	3	4	5
6	7	8	9	10	11	12
13	14	15	16	17	18	19
20	21	22	23	24	25	26
27	28	29	30			

Juillet

Di	Lu	Ma	Me	Je	Ve	Sa
				1	2	3
4	5	6	7	8	9	10
11	12	13	14	15	16	17
18	19	20	21	22	23	24
25	26	27	28	29	30	31

Août

Di	Lu	Ma	Me	Je	Ve	Sa
1	2	3	4	5	6	7
8	9	10	11	12	13	14
15	16	17	18	19	20	21
22	23	24	25	26	27	28
29	30	31				

Septembre

Di	Lu	Ma	Me	Je	Ve	Sa
			1	2	3	4
5	6	7	8	9	10	11
12	13	14	15	16	17	18
19	20	21	22	23	24	25
26	27	28	29	30		

Octobre

Di	Lu	Ma	Me	Je	Ve	Sa
					1	2
3	4	5	6	7	8	9
10	11	12	13	14	15	16
17	18	19	20	21	22	23
24	25	26	27	28	29	30
31						

Novembre

Di	Lu	Ma	Me	Je	Ve	Sa
	1	2	3	4	5	6
7	8	9	10	11	12	13
14	15	16	17	18	19	20
21	22	23	24	25	26	27
28	29	30				

Décembre

Di	Lu	Ma	Me	Je	Ve	Sa
			1	2	3	4
5	6	7	8	9	10	11
12	13	14	15	16	17	18
19	20	21	22	23	24	25
26	27	28	29	30	31	

Semaine du..........au............

	lundi	mardi	mercredi	jeudi	vendredi	samedi	dimanche
8h00							
9h00							
10h00							
11h00							
12h00							
13h00							
14h00							
15h00							
16h00							
17h00							
18h00							
19h00							
20h00							
21h00							

Semaine du..........au............

Nom	Nom	Nom
Tél	Tél	Tél
Nom	Nom	Nom
Tél	Tél	Tél
Nom	Nom	Nom
Tél	Tél	Tél
Nom	Nom	Nom
Tél	Tél	Tél
Nom	Nom	Nom
Tél	Tél	Tél
Nom	Nom	Nom
Tél	Tél	Tél
Nom	Nom	Nom
Tél	Tél	Tél
Nom	Nom	Nom
Tél	Tél	Tél
Nom	Nom	Nom
Tél	Tél	Tél
Nom	Nom	Nom
Tél	Tél	Tél
Nom	Nom	Nom
Tél	Tél	Tél
Nom	Nom	Nom
Tél	Tél	Tél
Nom	Nom	Nom
Tél	Tél	Tél
Nom	Nom	Nom
Tél	Tél	Tél
Nom	Nom	Nom
Tél	Tél	Tél
Nom	Nom	Nom
Tél	Tél	Tél
Nom	Nom	Nom
Tél	Tél	Tél
Nom	Nom	Nom
Tél	Tél	Tél

lundi _____

8h00 ------------------------------

9h00 ------------------------------

10h00 ------------------------------

11h00 ------------------------------

12h00 ------------------------------

13h00 ------------------------------

14h00 ------------------------------

15h00 ------------------------------

16h00 ------------------------------

17h00 ------------------------------

18h00 ------------------------------

19h00 ------------------------------

20h00 ------------------------------

21h00 ------------------------------

Note	Note	Note

Mardi

8h00
9h00
10h00
11h00
12h00
13h00
14h00
15h00
16h00
17h00
18h00
19h00
20h00
21h00

| Note | Note | Note |

mercredi

8h00
9h00
10h00
11h00
12h00
13h00
14h00
15h00
16h00
17h00
18h00
19h00
20h00
21h00

Note   Note   Note

jeudi _____

- 8h00
- 9h00
- 10h00
- 11h00
- 12h00
- 13h00
- 14h00
- 15h00
- 16h00
- 17h00
- 18h00
- 19h00
- 20h00
- 21h00

Note | *Note* | *Note*

vendredi

- 8h00
- 9h00
- 10h00
- 11h00
- 12h00
- 13h00
- 14h00
- 15h00
- 16h00
- 17h00
- 18h00
- 19h00
- 20h00
- 21h00

Note   Note   Note

samedi_____

- 8h00
- 9h00
- 10h00
- 11h00
- 12h00
- 13h00
- 14h00
- 15h00
- 16h00
- 17h00
- 18h00
- 19h00
- 20h00
- 21h00

Note | Note | Note

dimanche

- 8h00
- 9h00
- 10h00
- 11h00
- 12h00
- 13h00
- 14h00
- 15h00
- 16h00
- 17h00
- 18h00
- 19h00
- 20h00
- 21h00

Note Note Note

Bilan de la Semaine

Prestation	Clients	Total
vernis simple	40	
vernis semi permanent	40	
entretien	40	
nouvelle pose	40	
dépose complète	40	
Pose cils	40	
Vente de produits	40	

Comptabilité Semaine

Quantité	Prestation	€	Total	
	vernis simple			1
	vernis semi permanent			2
	Entretien			3
	nouvelle pose			4
	dépose complète			5
	Pose cils			6
	Vente de produits			7

Total Semaine _____ €

	Désignation	Total €	%	A Déclarer
1	vernis simple		22,3	
2	vernis semi permanent		22,3	
3	Entretien		22,3	
4	nouvelle pose		22,3	
5	dépose complète		22,3	
6	Pose cils		22,3	
7	Vente de produits		12,9	

Total Prestation de service _____ €
Total Vente de Produits _____ €

exemple calcul : pose à 45€
45X 22,3/100 =**10.035** *** à déclarer **10.035€**

Bon de Commande

Reference	designation produits	Quatité	Prix	Total

2021

Janvier
Di	Lu	Ma	Me	Je	Ve	Sa
					1	2
3	4	5	6	7	8	9
10	11	12	13	14	15	16
17	18	19	20	21	22	23
24	25	26	27	28	29	30
31						

Février
Di	Lu	Ma	Me	Je	Ve	Sa
	1	2	3	4	5	6
7	8	9	10	11	12	13
14	15	16	17	18	19	20
21	22	23	24	25	26	27
28						

Mars
Di	Lu	Ma	Me	Je	Ve	Sa
	1	2	3	4	5	6
7	8	9	10	11	12	13
14	15	16	17	18	19	20
21	22	23	24	25	26	27
28	29	30	31			

Avril
Di	Lu	Ma	Me	Je	Ve	Sa
				1	2	3
4	5	6	7	8	9	10
11	12	13	14	15	16	17
18	19	20	21	22	23	24
25	26	27	28	29	30	

Mai
Di	Lu	Ma	Me	Je	Ve	Sa
						1
2	3	4	5	6	7	8
9	10	11	12	13	14	15
16	17	18	19	20	21	22
23	24	25	26	27	28	29
30	31					

Juin
Di	Lu	Ma	Me	Je	Ve	Sa
		1	2	3	4	5
6	7	8	9	10	11	12
13	14	15	16	17	18	19
20	21	22	23	24	25	26
27	28	29	30			

Juillet
Di	Lu	Ma	Me	Je	Ve	Sa
				1	2	3
4	5	6	7	8	9	10
11	12	13	14	15	16	17
18	19	20	21	22	23	24
25	26	27	28	29	30	31

Août
Di	Lu	Ma	Me	Je	Ve	Sa
1	2	3	4	5	6	7
8	9	10	11	12	13	14
15	16	17	18	19	20	21
22	23	24	25	26	27	28
29	30	31				

Septembre
Di	Lu	Ma	Me	Je	Ve	Sa
			1	2	3	4
5	6	7	8	9	10	11
12	13	14	15	16	17	18
19	20	21	22	23	24	25
26	27	28	29	30		

Octobre
Di	Lu	Ma	Me	Je	Ve	Sa
					1	2
3	4	5	6	7	8	9
10	11	12	13	14	15	16
17	18	19	20	21	22	23
24	25	26	27	28	29	30
31						

Novembre
Di	Lu	Ma	Me	Je	Ve	Sa
	1	2	3	4	5	6
7	8	9	10	11	12	13
14	15	16	17	18	19	20
21	22	23	24	25	26	27
28	29	30				

Décembre
Di	Lu	Ma	Me	Je	Ve	Sa
			1	2	3	4
5	6	7	8	9	10	11
12	13	14	15	16	17	18
19	20	21	22	23	24	25
26	27	28	29	30	31	

Semaine du………..au………….

	lundi	mardi	mercredi	jeudi	vendredi	samedi	dimanche
8h00							
9h00							
10h00							
11h00							
12h00							
13h00							
14h00							
15h00							
16h00							
17h00							
18h00							
19h00							
20h00							
21h00							

Semaine du..........au............

Nom	Nom	Nom
Tél	Tél	Tél
Nom	Nom	Nom
Tél	Tél	Tél
Nom	Nom	Nom
Tél	Tél	Tél
Nom	Nom	Nom
Tél	Tél	Tél
Nom	Nom	Nom
Tél	Tél	Tél
Nom	Nom	Nom
Tél	Tél	Tél
Nom	Nom	Nom
Tél	Tél	Tél
Nom	Nom	Nom
Tél	Tél	Tél
Nom	Nom	Nom
Tél	Tél	Tél
Nom	Nom	Nom
Tél	Tél	Tél
Nom	Nom	Nom
Tél	Tél	Tél
Nom	Nom	Nom
Tél	Tél	Tél
Nom	Nom	Nom
Tél	Tél	Tél
Nom	Nom	Nom
Tél	Tél	Tél
Nom	Nom	Nom
Tél	Tél	Tél
Nom	Nom	Nom
Tél	Tél	Tél
Nom	Nom	Nom
Tél	Tél	Tél
Nom	Nom	Nom
Tél	Tél	Tél

lundi _____

8h00	
9h00	
10h00	
11h00	
12h00	
13h00	
14h00	
15h00	
16h00	
17h00	
18h00	
19h00	
20h00	
21h00	

Note   Note   Note

Mardi

- 8h00
- 9h00
- 10h00
- 11h00
- 12h00
- 13h00
- 14h00
- 15h00
- 16h00
- 17h00
- 18h00
- 19h00
- 20h00
- 21h00

Note	Note	Note

mercredi

8h00

9h00

10h00

11h00

12h00

13h00

14h00

15h00

16h00

17h00

18h00

19h00

20h00

21h00

Note　　　*Note*　　　*Note*

jeudi

- 8h00
- 9h00
- 10h00
- 11h00
- 12h00
- 13h00
- 14h00
- 15h00
- 16h00
- 17h00
- 18h00
- 19h00
- 20h00
- 21h00

Note   Note   Note

vendredi

- 8h00
- 9h00
- 10h00
- 11h00
- 12h00
- 13h00
- 14h00
- 15h00
- 16h00
- 17h00
- 18h00
- 19h00
- 20h00
- 21h00

Note | Note | Note

samedi

- 8h00
- 9h00
- 10h00
- 11h00
- 12h00
- 13h00
- 14h00
- 15h00
- 16h00
- 17h00
- 18h00
- 19h00
- 20h00
- 21h00

Note Note Note

dimanche

- 8h00
- 9h00
- 10h00
- 11h00
- 12h00
- 13h00
- 14h00
- 15h00
- 16h00
- 17h00
- 18h00
- 19h00
- 20h00
- 21h00

Note | Note | Note

Bilan de la Semaine

Prestation	Clients	Total
vernis simple		
vernis semi permanent		
entretien		
nouvelle pose		
dépose complète		
Pose cils		
Vente de produits		

Comptabilité Semaine

Quantité	Prestation	€	Total	
	vernis simple			1
	vernis semi permanent			2
	Entretien			3
	nouvelle pose			4
	dépose complète			5
	Pose cils			6
	Vente de produits			7

Total Semaine _____ €

	Désignation	Total €	%	A Déclarer
1	vernis simple		22,3	
2	vernis semi permanent		22,3	
3	Entretien		22,3	
4	nouvelle pose		22,3	
5	dépose complète		22,3	
6	Pose cils		22,3	
7	Vente de produits		12,9	

Total Prestation de service _____ €
Total Vente de Produits _____ €

exemple calcul : pose à 45€
45X 22,3/100 =**10.035** *** à déclarer **10.035€**

Bon de Commande

Reference	designation produits	Quatité	Prix	Total

2021

Janvier
Di	Lu	Ma	Me	Je	Ve	Sa
					1	2
3	4	5	6	7	8	9
10	11	12	13	14	15	16
17	18	19	20	21	22	23
24	25	26	27	28	29	30
31						

Février
Di	Lu	Ma	Me	Je	Ve	Sa
	1	2	3	4	5	6
7	8	9	10	11	12	13
14	15	16	17	18	19	20
21	22	23	24	25	26	27
28						

Mars
Di	Lu	Ma	Me	Je	Ve	Sa
	1	2	3	4	5	6
7	8	9	10	11	12	13
14	15	16	17	18	19	20
21	22	23	24	25	26	27
28	29	30	31			

Avril
Di	Lu	Ma	Me	Je	Ve	Sa
				1	2	3
4	5	6	7	8	9	10
11	12	13	14	15	16	17
18	19	20	21	22	23	24
25	26	27	28	29	30	

Mai
Di	Lu	Ma	Me	Je	Ve	Sa
						1
2	3	4	5	6	7	8
9	10	11	12	13	14	15
16	17	18	19	20	21	22
23	24	25	26	27	28	29
30	31					

Juin
Di	Lu	Ma	Me	Je	Ve	Sa
		1	2	3	4	5
6	7	8	9	10	11	12
13	14	15	16	17	18	19
20	21	22	23	24	25	26
27	28	29	30			

Juillet
Di	Lu	Ma	Me	Je	Ve	Sa
				1	2	3
4	5	6	7	8	9	10
11	12	13	14	15	16	17
18	19	20	21	22	23	24
25	26	27	28	29	30	31

Août
Di	Lu	Ma	Me	Je	Ve	Sa
1	2	3	4	5	6	7
8	9	10	11	12	13	14
15	16	17	18	19	20	21
22	23	24	25	26	27	28
29	30	31				

Septembre
Di	Lu	Ma	Me	Je	Ve	Sa
			1	2	3	4
5	6	7	8	9	10	11
12	13	14	15	16	17	18
19	20	21	22	23	24	25
26	27	28	29	30		

Octobre
Di	Lu	Ma	Me	Je	Ve	Sa
					1	2
3	4	5	6	7	8	9
10	11	12	13	14	15	16
17	18	19	20	21	22	23
24	25	26	27	28	29	30
31						

Novembre
Di	Lu	Ma	Me	Je	Ve	Sa
	1	2	3	4	5	6
7	8	9	10	11	12	13
14	15	16	17	18	19	20
21	22	23	24	25	26	27
28	29	30				

Décembre
Di	Lu	Ma	Me	Je	Ve	Sa
			1	2	3	4
5	6	7	8	9	10	11
12	13	14	15	16	17	18
19	20	21	22	23	24	25
26	27	28	29	30	31	

Semaine du...........au............

	lundi	mardi	mercredi	jeudi	vendredi	samedi	dimanche
8h00							
9h00							
10h00							
11h00							
12h00							
13h00							
14h00							
15h00							
16h00							
17h00							
18h00							
19h00							
20h00							
21h00							

Semaine du.........au...........

Nom	Nom	Nom
Tél	Tél	Tél
Nom	Nom	Nom
Tél	Tél	Tél
Nom	Nom	Nom
Tél	Tél	Tél
Nom	Nom	Nom
Tél	Tél	Tél
Nom	Nom	Nom
Tél	Tél	Tél
Nom	Nom	Nom
Tél	Tél	Tél
Nom	Nom	Nom
Tél	Tél	Tél
Nom	Nom	Nom
Tél	Tél	Tél
Nom	Nom	Nom
Tél	Tél	Tél
Nom	Nom	Nom
Tél	Tél	Tél
Nom	Nom	Nom
Tél	Tél	Tél
Nom	Nom	Nom
Tél	Tél	Tél
Nom	Nom	Nom
Tél	Tél	Tél
Nom	Nom	Nom
Tél	Tél	Tél
Nom	Nom	Nom
Tél	Tél	Tél
Nom	Nom	Nom
Tél	Tél	Tél
Nom	Nom	Nom
Tél	Tél	Tél
Nom	Nom	Nom
Tél	Tél	Tél

lundi _____

8h00 ....

9h00 ....

10h00 ....

11h00 ....

12h00 ....

13h00 ....

14h00 ....

15h00 ....

16h00 ....

17h00 ....

18h00 ....

19h00 ....

20h00 ....

21h00 ....

Note   *Note*   *Note*

Mardi

- 8h00
- 9h00
- 10h00
- 11h00
- 12h00
- 13h00
- 14h00
- 15h00
- 16h00
- 17h00
- 18h00
- 19h00
- 20h00
- 21h00

Note	Note	Note

mercredi

8h00

9h00

10h00

11h00

12h00

13h00

14h00

15h00

16h00

17h00

18h00

19h00

20h00

21h00

Note   Note   Note

jeudi

8h00
9h00
10h00
11h00
12h00
13h00
14h00
15h00
16h00
17h00
18h00
19h00
20h00
21h00

Note Note Note

vendredi

- 8h00
- 9h00
- 10h00
- 11h00
- 12h00
- 13h00
- 14h00
- 15h00
- 16h00
- 17h00
- 18h00
- 19h00
- 20h00
- 21h00

Note   Note   Note

samedi

8h00
9h00
10h00
11h00
12h00
13h00
14h00
15h00
16h00
17h00
18h00
19h00
20h00
21h00

Note Note Note

dimanche

- 8h00
- 9h00
- 10h00
- 11h00
- 12h00
- 13h00
- 14h00
- 15h00
- 16h00
- 17h00
- 18h00
- 19h00
- 20h00
- 21h00

Note Note Note

Bilan de la Semaine

Prestation	Clients	Total
vernis simple		
vernis semi permanent		
entretien		
nouvelle pose		
dépose complète		
Pose cils		
Vente de produits		

Comptabilité Semaine

Quantité	Prestation	€	Total	
	vernis simple			1
	vernis semi permanent			2
	Entretien			3
	nouvelle pose			4
	dépose complète			5
	Pose cils			6
	Vente de produits			7

Total Semaine _____ €

	Désignation	Total €	%	A Déclarer
1	vernis simple		22,3	
2	vernis semi permanent		22,3	
3	Entretien		22,3	
4	nouvelle pose		22,3	
5	dépose complète		22,3	
6	Pose cils		22,3	
7	Vente de produits		12,9	

Total Prestation de service _____ €
Total Vente de Produits _____ €

exemple calcul : pose à 45€
45X 22,3/100 =**10.035** *** à déclarer **10.035€**

Bon de Commande

Reference	designation produits	Quatité	Prix	Total

2021

Janvier
Di	Lu	Ma	Me	Je	Ve	Sa
					1	2
3	4	5	6	7	8	9
10	11	12	13	14	15	16
17	18	19	20	21	22	23
24	25	26	27	28	29	30
31						

Février
Di	Lu	Ma	Me	Je	Ve	Sa
	1	2	3	4	5	6
7	8	9	10	11	12	13
14	15	16	17	18	19	20
21	22	23	24	25	26	27
28						

Mars
Di	Lu	Ma	Me	Je	Ve	Sa
	1	2	3	4	5	6
7	8	9	10	11	12	13
14	15	16	17	18	19	20
21	22	23	24	25	26	27
28	29	30	31			

Avril
Di	Lu	Ma	Me	Je	Ve	Sa
				1	2	3
4	5	6	7	8	9	10
11	12	13	14	15	16	17
18	19	20	21	22	23	24
25	26	27	28	29	30	

Mai
Di	Lu	Ma	Me	Je	Ve	Sa
						1
2	3	4	5	6	7	8
9	10	11	12	13	14	15
16	17	18	19	20	21	22
23	24	25	26	27	28	29
30	31					

Juin
Di	Lu	Ma	Me	Je	Ve	Sa
		1	2	3	4	5
6	7	8	9	10	11	12
13	14	15	16	17	18	19
20	21	22	23	24	25	26
27	28	29	30			

Juillet
Di	Lu	Ma	Me	Je	Ve	Sa
				1	2	3
4	5	6	7	8	9	10
11	12	13	14	15	16	17
18	19	20	21	22	23	24
25	26	27	28	29	30	31

Août
Di	Lu	Ma	Me	Je	Ve	Sa
1	2	3	4	5	6	7
8	9	10	11	12	13	14
15	16	17	18	19	20	21
22	23	24	25	26	27	28
29	30	31				

Septembre
Di	Lu	Ma	Me	Je	Ve	Sa
			1	2	3	4
5	6	7	8	9	10	11
12	13	14	15	16	17	18
19	20	21	22	23	24	25
26	27	28	29	30		

Octobre
Di	Lu	Ma	Me	Je	Ve	Sa
					1	2
3	4	5	6	7	8	9
10	11	12	13	14	15	16
17	18	19	20	21	22	23
24	25	26	27	28	29	30
31						

Novembre
Di	Lu	Ma	Me	Je	Ve	Sa
	1	2	3	4	5	6
7	8	9	10	11	12	13
14	15	16	17	18	19	20
21	22	23	24	25	26	27
28	29	30				

Décembre
Di	Lu	Ma	Me	Je	Ve	Sa
			1	2	3	4
5	6	7	8	9	10	11
12	13	14	15	16	17	18
19	20	21	22	23	24	25
26	27	28	29	30	31	

Semaine du………..au…………

	lundi	mardi	mercredi	jeudi	vendredi	samedi	dimanche
8h00							
9h00							
10h00							
11h00							
12h00							
13h00							
14h00							
15h00							
16h00							
17h00							
18h00							
19h00							
20h00							
21h00							

Semaine du...........au............

Nom	Nom	Nom
Tél	Tél	Tél
Nom	Nom	Nom
Tél	Tél	Tél
Nom	Nom	Nom
Tél	Tél	Tél
Nom	Nom	Nom
Tél	Tél	Tél
Nom	Nom	Nom
Tél	Tél	Tél
Nom	Nom	Nom
Tél	Tél	Tél
Nom	Nom	Nom
Tél	Tél	Tél
Nom	Nom	Nom
Tél	Tél	Tél
Nom	Nom	Nom
Tél	Tél	Tél
Nom	Nom	Nom
Tél	Tél	Tél
Nom	Nom	Nom
Tél	Tél	Tél
Nom	Nom	Nom
Tél	Tél	Tél
Nom	Nom	Nom
Tél	Tél	Tél
Nom	Nom	Nom
Tél	Tél	Tél
Nom	Nom	Nom
Tél	Tél	Tél
Nom	Nom	Nom
Tél	Tél	Tél
Nom	Nom	Nom
Tél	Tél	Tél
Nom	Nom	Nom
Tél	Tél	Tél

lundi _____

| 8h00 |
| 9h00 |
| 10h00 |
| 11h00 |
| 12h00 |
| 13h00 |
| 14h00 |
| 15h00 |
| 16h00 |
| 17h00 |
| 18h00 |
| 19h00 |
| 20h00 |
| 21h00 |

Note   Note   Note

Mardi

	8h00
	9h00
	10h00
	11h00
	12h00
	13h00
	14h00
	15h00
	16h00
	17h00
	18h00
	19h00
	20h00
	21h00

Note   *Note*   *Note*

mercredi

- 8h00
- 9h00
- 10h00
- 11h00
- 12h00
- 13h00
- 14h00
- 15h00
- 16h00
- 17h00
- 18h00
- 19h00
- 20h00
- 21h00

Note   Note   Note

jeudi

	8h00
	9h00
	10h00
	11h00
	12h00
	13h00
	14h00
	15h00
	16h00
	17h00
	18h00
	19h00
	20h00
	21h00

Note   *Note*   *Note*

vendredi _____

- 8h00
- 9h00
- 10h00
- 11h00
- 12h00
- 13h00
- 14h00
- 15h00
- 16h00
- 17h00
- 18h00
- 19h00
- 20h00
- 21h00

Note	Note	Note

samedi

- 8h00
- 9h00
- 10h00
- 11h00
- 12h00
- 13h00
- 14h00
- 15h00
- 16h00
- 17h00
- 18h00
- 19h00
- 20h00
- 21h00

Note | Note | Note

dimanche

8h00	
9h00	
10h00	
11h00	
12h00	
13h00	
14h00	
15h00	
16h00	
17h00	
18h00	
19h00	
20h00	
21h00	

Note Note Note

Bilan de la Semaine

Prestation	Clients	Total
vernis simple		
vernis semi permanent		
entretien		
nouvelle pose		
dépose complète		
Pose cils		
Vente de produits		

Comptabilité Semaine

Quantité	Prestation	€	Total	
	vernis simple			1
	vernis semi permanent			2
	Entretien			3
	nouvelle pose			4
	dépose complète			5
	Pose cils			6
	Vente de produits			7

Total Semaine _____ €

	Désignation	Total €	%	A Déclarer
1	vernis simple		22,3	
2	vernis semi permanent		22,3	
3	Entretien		22,3	
4	nouvelle pose		22,3	
5	dépose complète		22,3	
6	Pose cils		22,3	
7	Vente de produits		12,9	

Total Prestation de service _____ €
Total Vente de Produits _____ €

exemple calcul : pose à 45€
45X 22,3/100 =**10.035** *** à déclarer **10.035€**

Bon de Commande

Reference	designation produits	Quatité	Prix	Total

2021

Janvier
Di	Lu	Ma	Me	Je	Ve	Sa
					1	2
3	4	5	6	7	8	9
10	11	12	13	14	15	16
17	18	19	20	21	22	23
24	25	26	27	28	29	30
31						

Février
Di	Lu	Ma	Me	Je	Ve	Sa
	1	2	3	4	5	6
7	8	9	10	11	12	13
14	15	16	17	18	19	20
21	22	23	24	25	26	27
28						

Mars
Di	Lu	Ma	Me	Je	Ve	Sa
	1	2	3	4	5	6
7	8	9	10	11	12	13
14	15	16	17	18	19	20
21	22	23	24	25	26	27
28	29	30	31			

Avril
Di	Lu	Ma	Me	Je	Ve	Sa
				1	2	3
4	5	6	7	8	9	10
11	12	13	14	15	16	17
18	19	20	21	22	23	24
25	26	27	28	29	30	

Mai
Di	Lu	Ma	Me	Je	Ve	Sa
						1
2	3	4	5	6	7	8
9	10	11	12	13	14	15
16	17	18	19	20	21	22
23	24	25	26	27	28	29
30	31					

Juin
Di	Lu	Ma	Me	Je	Ve	Sa
		1	2	3	4	5
6	7	8	9	10	11	12
13	14	15	16	17	18	19
20	21	22	23	24	25	26
27	28	29	30			

Juillet
Di	Lu	Ma	Me	Je	Ve	Sa
				1	2	3
4	5	6	7	8	9	10
11	12	13	14	15	16	17
18	19	20	21	22	23	24
25	26	27	28	29	30	31

Août
Di	Lu	Ma	Me	Je	Ve	Sa
1	2	3	4	5	6	7
8	9	10	11	12	13	14
15	16	17	18	19	20	21
22	23	24	25	26	27	28
29	30	31				

Septembre
Di	Lu	Ma	Me	Je	Ve	Sa
			1	2	3	4
5	6	7	8	9	10	11
12	13	14	15	16	17	18
19	20	21	22	23	24	25
26	27	28	29	30		

Octobre
Di	Lu	Ma	Me	Je	Ve	Sa
					1	2
3	4	5	6	7	8	9
10	11	12	13	14	15	16
17	18	19	20	21	22	23
24	25	26	27	28	29	30
31						

Novembre
Di	Lu	Ma	Me	Je	Ve	Sa
	1	2	3	4	5	6
7	8	9	10	11	12	13
14	15	16	17	18	19	20
21	22	23	24	25	26	27
28	29	30				

Décembre
Di	Lu	Ma	Me	Je	Ve	Sa
			1	2	3	4
5	6	7	8	9	10	11
12	13	14	15	16	17	18
19	20	21	22	23	24	25
26	27	28	29	30	31	

Semaine du.........au............

	lundi	mardi	mercredi	jeudi	vendredi	samedi	dimanche
8h00							
9h00							
10h00							
11h00							
12h00							
13h00							
14h00							
15h00							
16h00							
17h00							
18h00							
19h00							
20h00							
21h00							

Semaine du………..au…………

Nom	Nom	Nom
Tél	Tél	Tél
Nom	Nom	Nom
Tél	Tél	Tél
Nom	Nom	Nom
Tél	Tél	Tél
Nom	Nom	Nom
Tél	Tél	Tél
Nom	Nom	Nom
Tél	Tél	Tél
Nom	Nom	Nom
Tél	Tél	Tél
Nom	Nom	Nom
Tél	Tél	Tél
Nom	Nom	Nom
Tél	Tél	Tél
Nom	Nom	Nom
Tél	Tél	Tél
Nom	Nom	Nom
Tél	Tél	Tél
Nom	Nom	Nom
Tél	Tél	Tél
Nom	Nom	Nom
Tél	Tél	Tél
Nom	Nom	Nom
Tél	Tél	Tél
Nom	Nom	Nom
Tél	Tél	Tél
Nom	Nom	Nom
Tél	Tél	Tél
Nom	Nom	Nom
Tél	Tél	Tél
Nom	Nom	Nom
Tél	Tél	Tél
Nom	Nom	Nom
Tél	Tél	Tél
Nom	Nom	Nom
Tél	Tél	Tél

lundi

- 8h00
- 9h00
- 10h00
- 11h00
- 12h00
- 13h00
- 14h00
- 15h00
- 16h00
- 17h00
- 18h00
- 19h00
- 20h00
- 21h00

Note   *Note*   *Note*

Mardi

8h00
9h00
10h00
11h00
12h00
13h00
14h00
15h00
16h00
17h00
18h00
19h00
20h00
21h00

Note | Note | Note

mercredi

8h00

9h00

10h00

11h00

12h00

13h00

14h00

15h00

16h00

17h00

18h00

19h00

20h00

21h00

Note

Note

Note

jeudi _____

- 8h00
- 9h00
- 10h00
- 11h00
- 12h00
- 13h00
- 14h00
- 15h00
- 16h00
- 17h00
- 18h00
- 19h00
- 20h00
- 21h00

Note

Note

Note

vendredi

8h00

9h00

10h00

11h00

12h00

13h00

14h00

15h00

16h00

17h00

18h00

19h00

20h00

21h00

Note   *Note*   *Note*

samedi

- 8h00
- 9h00
- 10h00
- 11h00
- 12h00
- 13h00
- 14h00
- 15h00
- 16h00
- 17h00
- 18h00
- 19h00
- 20h00
- 21h00

Note *Note* *Note*

dimanche

- **8h00**
- **9h00**
- **10h00**
- **11h00**
- **12h00**
- **13h00**
- **14h00**
- **15h00**
- **16h00**
- **17h00**
- **18h00**
- **19h00**
- **20h00**
- **21h00**

Note | Note | Note

Bilan de la Semaine

Prestation	Clients	Total
vernis simple	40	
vernis semi permanent	40	
entretien	40	
nouvelle pose	40	
dépose complète	40	
Pose cils	40	
Vente de produits	40	

Comptabilité Semaine

Quantité	Prestation	€	Total	
	vernis simple			①
	vernis semi permanent			②
	Entretien			③
	nouvelle pose			④
	dépose complète			⑤
	Pose cils			⑥
	Vente de produits			⑦

Total Semaine _____ €

	Désignation	Total €	%	A Déclarer
①	vernis simple		22,3	
②	vernis semi permanent		22,3	
③	Entretien		22,3	
④	nouvelle pose		22,3	
⑤	dépose complète		22,3	
⑥	Pose cils		22,3	
⑦	Vente de produits		12,9	

Total Prestation de service _____ €
Total Vente de Produits _____ €

exemple calcul : pose à 45€
45X 22,3/100 =**10.035** *** à déclarer **10.035€**

Bon de Commande

Reference	designation produits	Quatité	Prix	Total

2021

Janvier
Di	Lu	Ma	Me	Je	Ve	Sa
					1	2
3	4	5	6	7	8	9
10	11	12	13	14	15	16
17	18	19	20	21	22	23
24	25	26	27	28	29	30
31						

Février
Di	Lu	Ma	Me	Je	Ve	Sa
	1	2	3	4	5	6
7	8	9	10	11	12	13
14	15	16	17	18	19	20
21	22	23	24	25	26	27
28						

Mars
Di	Lu	Ma	Me	Je	Ve	Sa
	1	2	3	4	5	6
7	8	9	10	11	12	13
14	15	16	17	18	19	20
21	22	23	24	25	26	27
28	29	30	31			

Avril
Di	Lu	Ma	Me	Je	Ve	Sa
				1	2	3
4	5	6	7	8	9	10
11	12	13	14	15	16	17
18	19	20	21	22	23	24
25	26	27	28	29	30	

Mai
Di	Lu	Ma	Me	Je	Ve	Sa
						1
2	3	4	5	6	7	8
9	10	11	12	13	14	15
16	17	18	19	20	21	22
23	24	25	26	27	28	29
30	31					

Juin
Di	Lu	Ma	Me	Je	Ve	Sa
		1	2	3	4	5
6	7	8	9	10	11	12
13	14	15	16	17	18	19
20	21	22	23	24	25	26
27	28	29	30			

Juillet
Di	Lu	Ma	Me	Je	Ve	Sa
				1	2	3
4	5	6	7	8	9	10
11	12	13	14	15	16	17
18	19	20	21	22	23	24
25	26	27	28	29	30	31

Août
Di	Lu	Ma	Me	Je	Ve	Sa
1	2	3	4	5	6	7
8	9	10	11	12	13	14
15	16	17	18	19	20	21
22	23	24	25	26	27	28
29	30	31				

Septembre
Di	Lu	Ma	Me	Je	Ve	Sa
			1	2	3	4
5	6	7	8	9	10	11
12	13	14	15	16	17	18
19	20	21	22	23	24	25
26	27	28	29	30		

Octobre
Di	Lu	Ma	Me	Je	Ve	Sa
					1	2
3	4	5	6	7	8	9
10	11	12	13	14	15	16
17	18	19	20	21	22	23
24	25	26	27	28	29	30
31						

Novembre
Di	Lu	Ma	Me	Je	Ve	Sa
	1	2	3	4	5	6
7	8	9	10	11	12	13
14	15	16	17	18	19	20
21	22	23	24	25	26	27
28	29	30				

Décembre
Di	Lu	Ma	Me	Je	Ve	Sa
			1	2	3	4
5	6	7	8	9	10	11
12	13	14	15	16	17	18
19	20	21	22	23	24	25
26	27	28	29	30	31	

Semaine du.............au.............

	lundi	mardi	mercredi	jeudi	vendredi	samedi	dimanche
8h00							
9h00							
10h00							
11h00							
12h00							
13h00							
14h00							
15h00							
16h00							
17h00							
18h00							
19h00							
20h00							
21h00							

Semaine du……….au………….

Nom	Nom	Nom
Tél	Tél	Tél
Nom	Nom	Nom
Tél	Tél	Tél
Nom	Nom	Nom
Tél	Tél	Tél
Nom	Nom	Nom
Tél	Tél	Tél
Nom	Nom	Nom
Tél	Tél	Tél
Nom	Nom	Nom
Tél	Tél	Tél
Nom	Nom	Nom
Tél	Tél	Tél
Nom	Nom	Nom
Tél	Tél	Tél
Nom	Nom	Nom
Tél	Tél	Tél
Nom	Nom	Nom
Tél	Tél	Tél
Nom	Nom	Nom
Tél	Tél	Tél
Nom	Nom	Nom
Tél	Tél	Tél
Nom	Nom	Nom
Tél	Tél	Tél
Nom	Nom	Nom
Tél	Tél	Tél
Nom	Nom	Nom
Tél	Tél	Tél
Nom	Nom	Nom
Tél	Tél	Tél
Nom	Nom	Nom
Tél	Tél	Tél
Nom	Nom	Nom
Tél	Tél	Tél
Nom	Nom	Nom
Tél	Tél	Tél

lundi

| 8h00 |
| 9h00 |
| 10h00 |
| 11h00 |
| 12h00 |
| 13h00 |
| 14h00 |
| 15h00 |
| 16h00 |
| 17h00 |
| 18h00 |
| 19h00 |
| 20h00 |
| 21h00 |

Note   Note   Note

Mardi ....

8h00
9h00
10h00
11h00
12h00
13h00
14h00
15h00
16h00
17h00
18h00
19h00
20h00
21h00

Note | Note | Note

mercredi

- 8h00
- 9h00
- 10h00
- 11h00
- 12h00
- 13h00
- 14h00
- 15h00
- 16h00
- 17h00
- 18h00
- 19h00
- 20h00
- 21h00

Note | Note | Note

jeudi _____

	8h00
	9h00
	10h00
	11h00
	12h00
	13h00
	14h00
	15h00
	16h00
	17h00
	18h00
	19h00
	20h00
	21h00

Note	Note	Note

vendredi _____

- 8h00 ....
- 9h00 ....
- 10h00 ....
- 11h00 ....
- 12h00 ....
- 13h00 ....
- 14h00 ....
- 15h00 ....
- 16h00 ....
- 17h00 ....
- 18h00 ....
- 19h00 ....
- 20h00 ....
- 21h00 ....

Note | Note | Note

samedi

- 8h00
- 9h00
- 10h00
- 11h00
- 12h00
- 13h00
- 14h00
- 15h00
- 16h00
- 17h00
- 18h00
- 19h00
- 20h00
- 21h00

Note   Note   Note

dimanche

8h00

9h00

10h00

11h00

12h00

13h00

14h00

15h00

16h00

17h00

18h00

19h00

20h00

21h00

Note   Note   Note

Bilan de la Semaine

Prestation	Clients	Total
vernis simple		
vernis semi permanent		
entretien		
nouvelle pose		
dépose complète		
Pose cils		
Vente de produits		

Comptabilité Semaine

Quantité	Prestation	€	Total	
	vernis simple			1
	vernis semi permanent			2
	Entretien			3
	nouvelle pose			4
	dépose complète			5
	Pose cils			6
	Vente de produits			7

Total Semaine _____ €

	Désignation	Total €	%	A Déclarer
1	vernis simple		22,3	
2	vernis semi permanent		22,3	
3	Entretien		22,3	
4	nouvelle pose		22,3	
5	dépose complète		22,3	
6	Pose cils		22,3	
7	Vente de produits		12,9	

Total Prestation de service _____ €
Total Vente de Produits _____ €

exemple calcul : pose à 45€
45X 22,3/100 =**10.035** *** à déclarer **10.035€**

Bon de Commande

Reference	designation produits	Quatité	Prix	Total

2021

Janvier
Di	Lu	Ma	Me	Je	Ve	Sa
					1	2
3	4	5	6	7	8	9
10	11	12	13	14	15	16
17	18	19	20	21	22	23
24	25	26	27	28	29	30
31						

Février
Di	Lu	Ma	Me	Je	Ve	Sa
	1	2	3	4	5	6
7	8	9	10	11	12	13
14	15	16	17	18	19	20
21	22	23	24	25	26	27
28						

Mars
Di	Lu	Ma	Me	Je	Ve	Sa
	1	2	3	4	5	6
7	8	9	10	11	12	13
14	15	16	17	18	19	20
21	22	23	24	25	26	27
28	29	30	31			

Avril
Di	Lu	Ma	Me	Je	Ve	Sa
				1	2	3
4	5	6	7	8	9	10
11	12	13	14	15	16	17
18	19	20	21	22	23	24
25	26	27	28	29	30	

Mai
Di	Lu	Ma	Me	Je	Ve	Sa
						1
2	3	4	5	6	7	8
9	10	11	12	13	14	15
16	17	18	19	20	21	22
23	24	25	26	27	28	29
30	31					

Juin
Di	Lu	Ma	Me	Je	Ve	Sa
		1	2	3	4	5
6	7	8	9	10	11	12
13	14	15	16	17	18	19
20	21	22	23	24	25	26
27	28	29	30			

Juillet
Di	Lu	Ma	Me	Je	Ve	Sa
				1	2	3
4	5	6	7	8	9	10
11	12	13	14	15	16	17
18	19	20	21	22	23	24
25	26	27	28	29	30	31

Août
Di	Lu	Ma	Me	Je	Ve	Sa
1	2	3	4	5	6	7
8	9	10	11	12	13	14
15	16	17	18	19	20	21
22	23	24	25	26	27	28
29	30	31				

Septembre
Di	Lu	Ma	Me	Je	Ve	Sa
			1	2	3	4
5	6	7	8	9	10	11
12	13	14	15	16	17	18
19	20	21	22	23	24	25
26	27	28	29	30		

Octobre
Di	Lu	Ma	Me	Je	Ve	Sa
					1	2
3	4	5	6	7	8	9
10	11	12	13	14	15	16
17	18	19	20	21	22	23
24	25	26	27	28	29	30
31						

Novembre
Di	Lu	Ma	Me	Je	Ve	Sa
	1	2	3	4	5	6
7	8	9	10	11	12	13
14	15	16	17	18	19	20
21	22	23	24	25	26	27
28	29	30				

Décembre
Di	Lu	Ma	Me	Je	Ve	Sa
			1	2	3	4
5	6	7	8	9	10	11
12	13	14	15	16	17	18
19	20	21	22	23	24	25
26	27	28	29	30	31	

Semaine du..........au............

	lundi	mardi	mercredi	jeudi	vendredi	samedi	dimanche
8h00							
9h00							
10h00							
11h00							
12h00							
13h00							
14h00							
15h00							
16h00							
17h00							
18h00							
19h00							
20h00							
21h00							

Semaine du.........au...........

Nom	Nom	Nom
Tél	Tél	Tél
Nom	Nom	Nom
Tél	Tél	Tél
Nom	Nom	Nom
Tél	Tél	Tél
Nom	Nom	Nom
Tél	Tél	Tél
Nom	Nom	Nom
Tél	Tél	Tél
Nom	Nom	Nom
Tél	Tél	Tél
Nom	Nom	Nom
Tél	Tél	Tél
Nom	Nom	Nom
Tél	Tél	Tél
Nom	Nom	Nom
Tél	Tél	Tél
Nom	Nom	Nom
Tél	Tél	Tél
Nom	Nom	Nom
Tél	Tél	Tél
Nom	Nom	Nom
Tél	Tél	Tél
Nom	Nom	Nom
Tél	Tél	Tél
Nom	Nom	Nom
Tél	Tél	Tél
Nom	Nom	Nom
Tél	Tél	Tél
Nom	Nom	Nom
Tél	Tél	Tél
Nom	Nom	Nom
Tél	Tél	Tél
Nom	Nom	Nom
Tél	Tél	Tél

lundi

- 8h00
- 9h00
- 10h00
- 11h00
- 12h00
- 13h00
- 14h00
- 15h00
- 16h00
- 17h00
- 18h00
- 19h00
- 20h00
- 21h00

Note Note Note

Mardi

8h00
9h00
10h00
11h00
12h00
13h00
14h00
15h00
16h00
17h00
18h00
19h00
20h00
21h00

Note   Note   Note

mercredi

- 8h00
- 9h00
- 10h00
- 11h00
- 12h00
- 13h00
- 14h00
- 15h00
- 16h00
- 17h00
- 18h00
- 19h00
- 20h00
- 21h00

Note   Note   Note

jeudi _____

8h00

9h00

10h00

11h00

12h00

13h00

14h00

15h00

16h00

17h00

18h00

19h00

20h00

21h00

Note	Note	Note

vendredi _____

- 8h00 ....
- 9h00 ....
- 10h00 ....
- 11h00 ....
- 12h00 ....
- 13h00 ....
- 14h00 ....
- 15h00 ....
- 16h00 ....
- 17h00 ....
- 18h00 ....
- 19h00 ....
- 20h00 ....
- 21h00 ....

Note	Note	Note

samedi

- 8h00
- 9h00
- 10h00
- 11h00
- 12h00
- 13h00
- 14h00
- 15h00
- 16h00
- 17h00
- 18h00
- 19h00
- 20h00
- 21h00

Note | Note | Note

dimanche

- 8h00
- 9h00
- 10h00
- 11h00
- 12h00
- 13h00
- 14h00
- 15h00
- 16h00
- 17h00
- 18h00
- 19h00
- 20h00
- 21h00

Note Note Note

Bilan de la Semaine

Prestation	Clients	Total
vernis simple		
vernis semi permanent		
entretien		
nouvelle pose		
dépose complète		
Pose cils		
Vente de produits		

Comptabilité Semaine

Quantité	Prestation	€	Total	
	vernis simple			①
	vernis semi permanent			②
	Entretien			③
	nouvelle pose			④
	dépose complète			⑤
	Pose cils			⑥
	Vente de produits			⑦

Total Semaine _____ €

	Désignation	Total €	%	A Déclarer
①	vernis simple		22,3	
②	vernis semi permanent		22,3	
③	Entretien		22,3	
④	nouvelle pose		22,3	
⑤	dépose complète		22,3	
⑥	Pose cils		22,3	
⑦	Vente de produits		12,9	

Total Prestation de service _____ €
Total Vente de Produits _____ €

exemple calcul : pose à 45€
45X 22,3/100 =**10.035** *** à déclarer **10.035€**

Bon de Commande

Reference	designation produits	Quatité	Prix	Total

2021

Janvier						
Di	Lu	Ma	Me	Je	Ve	Sa
					1	2
3	4	5	6	7	8	9
10	11	12	13	14	15	16
17	18	19	20	21	22	23
24	25	26	27	28	29	30
31						

Février						
Di	Lu	Ma	Me	Je	Ve	Sa
	1	2	3	4	5	6
7	8	9	10	11	12	13
14	15	16	17	18	19	20
21	22	23	24	25	26	27
28						

Mars						
Di	Lu	Ma	Me	Je	Ve	Sa
	1	2	3	4	5	6
7	8	9	10	11	12	13
14	15	16	17	18	19	20
21	22	23	24	25	26	27
28	29	30	31			

Avril						
Di	Lu	Ma	Me	Je	Ve	Sa
				1	2	3
4	5	6	7	8	9	10
11	12	13	14	15	16	17
18	19	20	21	22	23	24
25	26	27	28	29	30	

Mai						
Di	Lu	Ma	Me	Je	Ve	Sa
						1
2	3	4	5	6	7	8
9	10	11	12	13	14	15
16	17	18	19	20	21	22
23	24	25	26	27	28	29
30	31					

Juin						
Di	Lu	Ma	Me	Je	Ve	Sa
		1	2	3	4	5
6	7	8	9	10	11	12
13	14	15	16	17	18	19
20	21	22	23	24	25	26
27	28	29	30			

Juillet						
Di	Lu	Ma	Me	Je	Ve	Sa
				1	2	3
4	5	6	7	8	9	10
11	12	13	14	15	16	17
18	19	20	21	22	23	24
25	26	27	28	29	30	31

Août						
Di	Lu	Ma	Me	Je	Ve	Sa
1	2	3	4	5	6	7
8	9	10	11	12	13	14
15	16	17	18	19	20	21
22	23	24	25	26	27	28
29	30	31				

Septembre						
Di	Lu	Ma	Me	Je	Ve	Sa
			1	2	3	4
5	6	7	8	9	10	11
12	13	14	15	16	17	18
19	20	21	22	23	24	25
26	27	28	29	30		

Octobre						
Di	Lu	Ma	Me	Je	Ve	Sa
					1	2
3	4	5	6	7	8	9
10	11	12	13	14	15	16
17	18	19	20	21	22	23
24	25	26	27	28	29	30
31						

Novembre						
Di	Lu	Ma	Me	Je	Ve	Sa
	1	2	3	4	5	6
7	8	9	10	11	12	13
14	15	16	17	18	19	20
21	22	23	24	25	26	27
28	29	30				

Décembre						
Di	Lu	Ma	Me	Je	Ve	Sa
			1	2	3	4
5	6	7	8	9	10	11
12	13	14	15	16	17	18
19	20	21	22	23	24	25
26	27	28	29	30	31	

Semaine du..........au............

	lundi	mardi	mercredi	jeudi	vendredi	samedi	dimanche
8h00							
9h00							
10h00							
11h00							
12h00							
13h00							
14h00							
15h00							
16h00							
17h00							
18h00							
19h00							
20h00							
21h00							

Semaine du………..au………….

Nom	Nom	Nom
Tél	Tél	Tél
Nom	Nom	Nom
Tél	Tél	Tél
Nom	Nom	Nom
Tél	Tél	Tél
Nom	Nom	Nom
Tél	Tél	Tél
Nom	Nom	Nom
Tél	Tél	Tél
Nom	Nom	Nom
Tél	Tél	Tél
Nom	Nom	Nom
Tél	Tél	Tél
Nom	Nom	Nom
Tél	Tél	Tél
Nom	Nom	Nom
Tél	Tél	Tél
Nom	Nom	Nom
Tél	Tél	Tél
Nom	Nom	Nom
Tél	Tél	Tél
Nom	Nom	Nom
Tél	Tél	Tél
Nom	Nom	Nom
Tél	Tél	Tél
Nom	Nom	Nom
Tél	Tél	Tél
Nom	Nom	Nom
Tél	Tél	Tél
Nom	Nom	Nom
Tél	Tél	Tél
Nom	Nom	Nom
Tél	Tél	Tél
Nom	Nom	Nom
Tél	Tél	Tél
Nom	Nom	Nom
Tél	Tél	Tél
Nom	Nom	Nom
Tél	Tél	Tél

lundi _____

8h00

9h00

10h00

11h00

12h00

13h00

14h00

15h00

16h00

17h00

18h00

19h00

20h00

21h00

Note　　　　　Note　　　　　Note

Mardi _____

8h00
9h00
10h00
11h00
12h00
13h00
14h00
15h00
16h00
17h00
18h00
19h00
20h00
21h00

Note   Note   Note

mercredi

- 8h00
- 9h00
- 10h00
- 11h00
- 12h00
- 13h00
- 14h00
- 15h00
- 16h00
- 17h00
- 18h00
- 19h00
- 20h00
- 21h00

Note | Note | Note

jeudi

- 8h00
- 9h00
- 10h00
- 11h00
- 12h00
- 13h00
- 14h00
- 15h00
- 16h00
- 17h00
- 18h00
- 19h00
- 20h00
- 21h00

Note *Note* *Note*

vendredi

8h00

9h00

10h00

11h00

12h00

13h00

14h00

15h00

16h00

17h00

18h00

19h00

20h00

21h00

Note	Note	Note

samedi

- 8h00
- 9h00
- 10h00
- 11h00
- 12h00
- 13h00
- 14h00
- 15h00
- 16h00
- 17h00
- 18h00
- 19h00
- 20h00
- 21h00

Note　　　Note　　　Note

dimanche _____

Time	
8h00	
9h00	
10h00	
11h00	
12h00	
13h00	
14h00	
15h00	
16h00	
17h00	
18h00	
19h00	
20h00	
21h00	

Note Note Note

Bilan de la Semaine

Prestation	Clients	Total
vernis simple		
vernis semi permanent		
entretien		
nouvelle pose		
dépose complète		
Pose cils		
Vente de produits		

Comptabilité Semaine

Quantité	Prestation	€	Total	
	vernis simple			1
	vernis semi permanent			2
	Entretien			3
	nouvelle pose			4
	dépose complète			5
	Pose cils			6
	Vente de produits			7

Total Semaine _____ €

	Désignation	Total €	%	A Déclarer
1	vernis simple		22,3	
2	vernis semi permanent		22,3	
3	Entretien		22,3	
4	nouvelle pose		22,3	
5	dépose complète		22,3	
6	Pose cils		22,3	
7	Vente de produits		12,9	

Total Prestation de service _____ €
Total Vente de Produits _____ €

exemple calcul : pose à 45€
45X 22,3/100 =**10.035** *** à déclarer **10.035€**

Bon de Commande

Reference	designation produits	Quatité	Prix	Total

2021

Janvier
Di	Lu	Ma	Me	Je	Ve	Sa
					1	2
3	4	5	6	7	8	9
10	11	12	13	14	15	16
17	18	19	20	21	22	23
24	25	26	27	28	29	30
31						

Février
Di	Lu	Ma	Me	Je	Ve	Sa
	1	2	3	4	5	6
7	8	9	10	11	12	13
14	15	16	17	18	19	20
21	22	23	24	25	26	27
28						

Mars
Di	Lu	Ma	Me	Je	Ve	Sa
	1	2	3	4	5	6
7	8	9	10	11	12	13
14	15	16	17	18	19	20
21	22	23	24	25	26	27
28	29	30	31			

Avril
Di	Lu	Ma	Me	Je	Ve	Sa
				1	2	3
4	5	6	7	8	9	10
11	12	13	14	15	16	17
18	19	20	21	22	23	24
25	26	27	28	29	30	

Mai
Di	Lu	Ma	Me	Je	Ve	Sa
						1
2	3	4	5	6	7	8
9	10	11	12	13	14	15
16	17	18	19	20	21	22
23	24	25	26	27	28	29
30	31					

Juin
Di	Lu	Ma	Me	Je	Ve	Sa
		1	2	3	4	5
6	7	8	9	10	11	12
13	14	15	16	17	18	19
20	21	22	23	24	25	26
27	28	29	30			

Juillet
Di	Lu	Ma	Me	Je	Ve	Sa
				1	2	3
4	5	6	7	8	9	10
11	12	13	14	15	16	17
18	19	20	21	22	23	24
25	26	27	28	29	30	31

Août
Di	Lu	Ma	Me	Je	Ve	Sa
1	2	3	4	5	6	7
8	9	10	11	12	13	14
15	16	17	18	19	20	21
22	23	24	25	26	27	28
29	30	31				

Septembre
Di	Lu	Ma	Me	Je	Ve	Sa
			1	2	3	4
5	6	7	8	9	10	11
12	13	14	15	16	17	18
19	20	21	22	23	24	25
26	27	28	29	30		

Octobre
Di	Lu	Ma	Me	Je	Ve	Sa
					1	2
3	4	5	6	7	8	9
10	11	12	13	14	15	16
17	18	19	20	21	22	23
24	25	26	27	28	29	30
31						

Novembre
Di	Lu	Ma	Me	Je	Ve	Sa
	1	2	3	4	5	6
7	8	9	10	11	12	13
14	15	16	17	18	19	20
21	22	23	24	25	26	27
28	29	30				

Décembre
Di	Lu	Ma	Me	Je	Ve	Sa
			1	2	3	4
5	6	7	8	9	10	11
12	13	14	15	16	17	18
19	20	21	22	23	24	25
26	27	28	29	30	31	

Semaine du..........au............

	lundi	mardi	mercredi	jeudi	vendredi	samedi	dimanche
8h00							
9h00							
10h00							
11h00							
12h00							
13h00							
14h00							
15h00							
16h00							
17h00							
18h00							
19h00							
20h00							
21h00							

Semaine du………..au………..

Nom	Nom	Nom
Tél	Tél	Tél
Nom	Nom	Nom
Tél	Tél	Tél
Nom	Nom	Nom
Tél	Tél	Tél
Nom	Nom	Nom
Tél	Tél	Tél
Nom	Nom	Nom
Tél	Tél	Tél
Nom	Nom	Nom
Tél	Tél	Tél
Nom	Nom	Nom
Tél	Tél	Tél
Nom	Nom	Nom
Tél	Tél	Tél
Nom	Nom	Nom
Tél	Tél	Tél
Nom	Nom	Nom
Tél	Tél	Tél
Nom	Nom	Nom
Tél	Tél	Tél
Nom	Nom	Nom
Tél	Tél	Tél
Nom	Nom	Nom
Tél	Tél	Tél
Nom	Nom	Nom
Tél	Tél	Tél
Nom	Nom	Nom
Tél	Tél	Tél
Nom	Nom	Nom
Tél	Tél	Tél
Nom	Nom	Nom
Tél	Tél	Tél
Nom	Nom	Nom
Tél	Tél	Tél

lundi _____

8h00

9h00

10h00

11h00

12h00

13h00

14h00

15h00

16h00

17h00

18h00

19h00

20h00

21h00

Note	Note	Note

Mardi

8h00
9h00
10h00
11h00
12h00
13h00
14h00
15h00
16h00
17h00
18h00
19h00
20h00
21h00

Note | Note | Note

mercredi

8h00

9h00

10h00

11h00

12h00

13h00

14h00

15h00

16h00

17h00

18h00

19h00

20h00

21h00

Note   Note   Note

jeudi _____

8h00
9h00
10h00
11h00
12h00
13h00
14h00
15h00
16h00
17h00
18h00
19h00
20h00
21h00

Note | Note | Note

vendredi

- 8h00
- 9h00
- 10h00
- 11h00
- 12h00
- 13h00
- 14h00
- 15h00
- 16h00
- 17h00
- 18h00
- 19h00
- 20h00
- 21h00

Note *Note* *Note*

samedi

- 8h00
- 9h00
- 10h00
- 11h00
- 12h00
- 13h00
- 14h00
- 15h00
- 16h00
- 17h00
- 18h00
- 19h00
- 20h00
- 21h00

Note *Note* *Note*

dimanche

- 8h00
- 9h00
- 10h00
- 11h00
- 12h00
- 13h00
- 14h00
- 15h00
- 16h00
- 17h00
- 18h00
- 19h00
- 20h00
- 21h00

Note   *Note*   *Note*

Bilan de la Semaine

Prestation	Clients	Total
vernis simple		
vernis semi permanent		
entretien		
nouvelle pose		
dépose complète		
Pose cils		
Vente de produits		

Comptabilité Semaine

Quantité	Prestation	€	Total	
	vernis simple			(1)
	vernis semi permanent			(2)
	Entretien			(3)
	nouvelle pose			(4)
	dépose complète			(5)
	Pose cils			(6)
	Vente de produits			(7)

Total Semaine _____ €

	Désignation	Total €	%	A Déclarer
(1)	vernis simple		22,3	
(2)	vernis semi permanent		22,3	
(3)	Entretien		22,3	
(4)	nouvelle pose		22,3	
(5)	dépose complète		22,3	
(6)	Pose cils		22,3	
(7)	Vente de produits		12,9	

Total Prestation de service _____ €
Total Vente de Produits _____ €

exemple calcul : pose à 45€
45X 22,3/100 =**10.035** *** à déclarer **10.035€**

Bon de Commande

Reference	designation produits	Quatité	Prix	Total

2021

Janvier
Di	Lu	Ma	Me	Je	Ve	Sa
					1	2
3	4	5	6	7	8	9
10	11	12	13	14	15	16
17	18	19	20	21	22	23
24	25	26	27	28	29	30
31						

Février
Di	Lu	Ma	Me	Je	Ve	Sa
	1	2	3	4	5	6
7	8	9	10	11	12	13
14	15	16	17	18	19	20
21	22	23	24	25	26	27
28						

Mars
Di	Lu	Ma	Me	Je	Ve	Sa
	1	2	3	4	5	6
7	8	9	10	11	12	13
14	15	16	17	18	19	20
21	22	23	24	25	26	27
28	29	30	31			

Avril
Di	Lu	Ma	Me	Je	Ve	Sa
				1	2	3
4	5	6	7	8	9	10
11	12	13	14	15	16	17
18	19	20	21	22	23	24
25	26	27	28	29	30	

Mai
Di	Lu	Ma	Me	Je	Ve	Sa
						1
2	3	4	5	6	7	8
9	10	11	12	13	14	15
16	17	18	19	20	21	22
23	24	25	26	27	28	29
30	31					

Juin
Di	Lu	Ma	Me	Je	Ve	Sa
		1	2	3	4	5
6	7	8	9	10	11	12
13	14	15	16	17	18	19
20	21	22	23	24	25	26
27	28	29	30			

Juillet
Di	Lu	Ma	Me	Je	Ve	Sa
				1	2	3
4	5	6	7	8	9	10
11	12	13	14	15	16	17
18	19	20	21	22	23	24
25	26	27	28	29	30	31

Août
Di	Lu	Ma	Me	Je	Ve	Sa
1	2	3	4	5	6	7
8	9	10	11	12	13	14
15	16	17	18	19	20	21
22	23	24	25	26	27	28
29	30	31				

Septembre
Di	Lu	Ma	Me	Je	Ve	Sa
			1	2	3	4
5	6	7	8	9	10	11
12	13	14	15	16	17	18
19	20	21	22	23	24	25
26	27	28	29	30		

Octobre
Di	Lu	Ma	Me	Je	Ve	Sa
					1	2
3	4	5	6	7	8	9
10	11	12	13	14	15	16
17	18	19	20	21	22	23
24	25	26	27	28	29	30
31						

Novembre
Di	Lu	Ma	Me	Je	Ve	Sa
	1	2	3	4	5	6
7	8	9	10	11	12	13
14	15	16	17	18	19	20
21	22	23	24	25	26	27
28	29	30				

Décembre
Di	Lu	Ma	Me	Je	Ve	Sa
			1	2	3	4
5	6	7	8	9	10	11
12	13	14	15	16	17	18
19	20	21	22	23	24	25
26	27	28	29	30	31	

Semaine du……….au…………

	lundi	mardi	mercredi	jeudi	vendredi	samedi	dimanche
8h00							
9h00							
10h00							
11h00							
12h00							
13h00							
14h00							
15h00							
16h00							
17h00							
18h00							
19h00							
20h00							
21h00							

Semaine du……….au………….

Nom	Nom	Nom
Tél	Tél	Tél
Nom	Nom	Nom
Tél	Tél	Tél
Nom	Nom	Nom
Tél	Tél	Tél
Nom	Nom	Nom
Tél	Tél	Tél
Nom	Nom	Nom
Tél	Tél	Tél
Nom	Nom	Nom
Tél	Tél	Tél
Nom	Nom	Nom
Tél	Tél	Tél
Nom	Nom	Nom
Tél	Tél	Tél
Nom	Nom	Nom
Tél	Tél	Tél
Nom	Nom	Nom
Tél	Tél	Tél
Nom	Nom	Nom
Tél	Tél	Tél
Nom	Nom	Nom
Tél	Tél	Tél
Nom	Nom	Nom
Tél	Tél	Tél
Nom	Nom	Nom
Tél	Tél	Tél
Nom	Nom	Nom
Tél	Tél	Tél
Nom	Nom	Nom
Tél	Tél	Tél
Nom	Nom	Nom
Tél	Tél	Tél

lundi

- 8h00
- 9h00
- 10h00
- 11h00
- 12h00
- 13h00
- 14h00
- 15h00
- 16h00
- 17h00
- 18h00
- 19h00
- 20h00
- 21h00

Note Note Note

Mardi

8h00
9h00
10h00
11h00
12h00
13h00
14h00
15h00
16h00
17h00
18h00
19h00
20h00
21h00

Note | Note | Note

mercredi

- 8h00
- 9h00
- 10h00
- 11h00
- 12h00
- 13h00
- 14h00
- 15h00
- 16h00
- 17h00
- 18h00
- 19h00
- 20h00
- 21h00

Note   Note   Note

jeudi

- 8h00
- 9h00
- 10h00
- 11h00
- 12h00
- 13h00
- 14h00
- 15h00
- 16h00
- 17h00
- 18h00
- 19h00
- 20h00
- 21h00

Note	Note	Note

vendredi

- 8h00
- 9h00
- 10h00
- 11h00
- 12h00
- 13h00
- 14h00
- 15h00
- 16h00
- 17h00
- 18h00
- 19h00
- 20h00
- 21h00

Note | Note | Note

samedi

- 8h00
- 9h00
- 10h00
- 11h00
- 12h00
- 13h00
- 14h00
- 15h00
- 16h00
- 17h00
- 18h00
- 19h00
- 20h00
- 21h00

Note | Note | Note

dimanche _____

8h00 _____
9h00 _____
10h00 _____
11h00 _____
12h00 _____
13h00 _____
14h00 _____
15h00 _____
16h00 _____
17h00 _____
18h00 _____
19h00 _____
20h00 _____
21h00 _____

Note	Note	Note

Bilan de la Semaine

Prestation	Clients	Total
vernis simple		
vernis semi permanent		
entretien		
nouvelle pose		
dépose complète		
Pose cils		
Vente de produits		

Comptabilité Semaine

Quantité	Prestation	€	Total	
	vernis simple			1
	vernis semi permanent			2
	Entretien			3
	nouvelle pose			4
	dépose complète			5
	Pose cils			6
	Vente de produits			7

Total Semaine _____ €

	Désignation	Total €	%	A Déclarer
1	vernis simple		22,3	
2	vernis semi permanent		22,3	
3	Entretien		22,3	
4	nouvelle pose		22,3	
5	dépose complète		22,3	
6	Pose cils		22,3	
7	Vente de produits		12,9	

Total Prestation de service _____ €
Total Vente de Produits _____ €

exemple calcul : pose à 45€
45X 22,3/100 =**10.035** *** à déclarer **10.035€**

Bon de Commande

Reference	designation produits	Quatité	Prix	Total

Printed in France by Amazon
Brétigny-sur-Orge, FR